五色交辉聚人杰

——西南联大人物风采录

龙美光◎编

民国书刊上的西南联大记忆

云南出版集团

云南人民出版社

图书在版编目（CIP）数据

五色交辉聚人杰：西南联大人物风采录 / 龙美光编
. -- 昆明：云南人民出版社，2018.12
（民国书刊上的西南联大记忆）
ISBN 978-7-222-17705-5

Ⅰ.①五… Ⅱ.①龙… Ⅲ.①西南联合大学－名人－
生平事迹 Ⅳ.①K820.7

中国版本图书馆 CIP 数据核字 (2018) 第 262443 号

出 版 人　赵石定
责任编辑　闵艳平
装帧设计　马　滨
责任校对　董郎文清
责任印制　李寒东

五色交辉聚人杰——西南联大人物风采录
龙美光　编

出　版　云南出版集团　云南人民出版社
发　行　云南人民出版社
社　址　昆明市环城西路609号
邮　编　650034
网　址　www.ynpph.com.cn
E-mail　ynrms@sina.com
开　本　889mm×1194mm　1/32
印　张　7.875
字　数　210千
版　次　2018年12月第1版第1次印刷
印　刷　昆明瑾煜印务有限公司
书　号　ISBN 978-7-222-17705-5
定　价　46.00元

云南人民出版社公众微信号

如需购买图书、反馈意见，请与我社联系
总编室：0871-64109126　发行部：0871-64108507
审校部：0871-64164626　印制部：0871-64191534

编者絮语

龙美光

编完"民国书刊上的西南联大记忆"文丛，长长地舒了一口气。这是十五六年来我搜集西南联大文献资料的阶段性成果。

"北清南合，联大花开。"在中华民族八年全民抗战的征途中，联大已成为文化抗战的璀璨星辰。土坯墙的茅草屋内和铁皮顶下，联大人精研学术，读书救国，空前绝后的艰苦环境并未磨灭他们的心志，反而使他们越发奋起，并加速了各项伟大成就的开创。他们说："只要读书救国好，哪妨菜坏吃不了？"在抗战号角声中，她的诞生与成长，就是如火如荼的全民抗战伟业的生动反映。

美国学者易社强指出，联大的遗产是属于中国的，也是属于全人类的。近年来，美国、日本等国均相继出版了研究专著。在国内，联大也越来越被各界所认同所钦慕，各类文著层出不穷。

不过，需要正视的是，联大的研究更有赖于文献资料的支撑。自联大于长沙肇始以降，已出版的联大时期文献仅有1939年出版的《西南三千五百里》（日记集）、1946年出版的《西南采风录》（歌谣集）、1946年出版的《联大八年》（征文集）、1998年出版的《国立西南联合大学史料》六卷本（档案集），以及2018年出版的《郑天挺西南联大日记》（日记集）等，其他已问世的多为数十年后的回忆与研究。上列诸书，仅有印制恶劣的《联大八年》是联大时期回忆文集，我十几年前得到该书时，就急切地想要为其编一套姊妹书，收录其时在书、报、刊发表过而后未曾在联大专书中露面的一些文字,使人们更深层次地了解联大。随着资料搜集进程的推进,这一梦想如今终于变为现实。

这套文丛中的文字,都是在抗战艰苦异常的环境下联大师生和社会各界人士的真实见闻和真情感知。文丛的近400篇文章,全部采自民国时期付印的数百种书、报、刊,作者群星灿烂,角度各异,内容繁杂,涉及面广,最大限度地忠实保存了联大本真状态,将使所有关注、热爱联大的读者对联大的研究和认识更深入透彻,有助于人们走近走进、研究探讨和学习实践联大文化,更好地弘扬中华优秀传统文化,继承中华文化精髓。

较《联大八年》而言,本文丛收录的文章时间跨度更大,涉及面更广,视角更全面,现场感更强,可读性更佳。文丛体裁多样,以回忆录、信件、日记、评论、报告文学、新闻通讯、诗词等,从不同侧面、不同角度彰显揭示了联大的办学历程和办学精神。编者将这些生动反映联大的文字,依其内容,大略别为九册。其中:

——抗战烽火,学府西迁。《八千里路云和月——长沙临时大学播迁记》载录了全面抗战爆发后,长沙临时大学建校的历程,及其后长沙临大辗转迁徙昆明改称西南联大的历史记忆,翻启联大不可磨灭的史册开篇。

——笳吹不绝,弦歌不辍。《笳吹弦诵在山城——西南联大学术风景线》呈现了联大身处边城,在艰难困苦中坚持学术,弘扬文化,形成联大学府异常活跃的学术风景线。

——爱国阵地,青运先锋。《我以我血荐轩辕——西南联大爱国运动纪》透过团体活动看联大,从不同侧面展示联大的壁报、社团等活动,是联大爱国运动的缩影。

——九州遍洒,黎元热血。《一寸山河一寸血——西南联大抗战救亡曲》反映了联大师生在烽火警报声中,心系家国存亡,积极投身抗日洪流,以投笔从戎等多种形式,谱写的慷慨激昂可歌可泣的抗战救亡曲。

——身处西南,动心忍性。《布东考古布西算——西南联大师生众生相》再现了联大师生克服居无定所、物价暴涨、空袭频仍等穷窘考验，直面生活，致力学术的不屈不挠精神。

——绝徼移栽，问学树人。《绝徼移栽桢干质——西南联大问学拉杂谭》实录了联大作为我国最高学府的联合体，移驻云岭，以学术救国的时代担当，顶天立地，攻坚克难，成为社会文化引领者的风貌。

——导扬文化，壮怀难折。《南渡流难寄山河——西南联大服务边疆志》记叙了联大师生立足云南，脚踏红土，心系山河，深入西部进行社会、人文、自然考察，投身边疆开发的情形。

——中兴大业，更须人杰。《五色交辉聚人杰——西南联大人物风采录》彰显了联大以"大学者，有大师之谓"的恢宏气魄，展现了一代名流巨擘的英才风采谱。

——斯文一脉，如山如海。《刚毅坚卓未央歌——西南联大精神漫笔集》颂赞了联大以三校"不同之历史，各异之学风，八年之久，合作无间，同无妨异，异不害同，五色交辉，相得益彰"的办学气质所铸就"刚毅坚卓"的风骨。

以上九册，虽各有侧重，然而又相互联结渗透，相互渲染补遗，美美相成。无疑，这是一部雄浑壮丽的西南联大纸上纪录片。

为使读者更真切地进入当年的语言环境和文化环境，除了对明显的错讹进行修订外，编者尽可能尊重原文风貌，一律不作改动。例如"那"（哪）、"底"（的）、"化"（花）之类民国时期遣词用字，以至其标点符号，便一仍其旧。

囿于时代局限，有些文章存在对少数民族的蔑称（如"夷人""罗罗""倮倮""苗子"等），以及对少数民族风俗习惯的误读讹传（如知识落后、手段野蛮等），但这也是当时社会历史的真实写照，为有助于民族史社会史研究者，多未作更动。文丛也容纳对联大的各种批评甚而误解，这些不同的声音，恰恰反映了联大包容万象的一面。

　　有人说抗战时期最有效率的两个机构，一是西南联大，一是速记学校。而这套文丛的编辑却历经七年才告完成，相较联大真是效率颇低，甚感惭愧。文丛编辑之初我新婚的妻子刘仁芳参与录入大量文字，时小儿龙景湘正于母腹中孕育，如今孩子已在迈向小学新生的路上，九本小书才呱呱坠地。文丛编竣付梓，似乎自己也置身联大之中，与师生们一起在警报声中抢时间、抢洗脸水、抢饭菜、抢书籍、抢座位、抢听讲演、抢出壁报、抢泡茶馆，与他们一起创造无与伦比的西南联大故事。

　　文丛的编辑出版，得到了云南师范大学和云南人民出版社的鼎力支持。成书过程中，西南联大研究专家，有关方面的师友、同事、学生，以及云南大学秦树才教授团队助力编校工作，使得此书能够顺利付梓。谨此一并致谢！

　　文丛自2011年启动编辑工作起，即通过微博等多种方式查找书中作者的联系方式，但至今为止，有关的信息反馈寥寥。在此特别拜托文丛的有关作者及其亲属与编者联系。

　　当然，有关西南联大的战时文字不止这九册的规模。不算西南联大师生在战时撰写的著作、文论、报告等等，单就讲述西南联大故事的文字而言，笔者手中尚有十数万字未及整理，其后或有增补或续编，敬请读者诸君期待。由于编者水平所限，加之许多民国文献印刷模糊难辨，缺点错误在所难免，祈望学界同仁和广大读者不吝赐教！

二〇一二年七月，写于昆北盘龙江畔

二〇一六年六月，改于西南联大旧址

二〇一八年十一月，定稿于云南师大呈贡校区

目　录

// 梅月涵与清华大学

余才有

一

民国二十九年（一九四〇）九月二十二日，全国各地清华校友会同时举行纪念会，庆祝梅月涵先生服务母校二十五周年。美国吴士脱大学亦变更亲领往例，授予名誉工程博士学位。这，无疑地，是清华大学的一件大事，同时，这也是全国教育界的一件大事。

在这样大规模的祝年会里，各方面的教育当局、教育界名流和清华校友，或由书面，或由讲演，发表了他们底颂词和感想。他们说梅月涵先生有"民主的风度和涵养"。或者说他"教臻三善，化洽四裔，惠泽滂流，高风遐被，朝野钦其文采，中外仰其声施"。或者说他"以其毕生精力，尽瘁清华一校，数十年如一日；抗战后，清华迁地联合设校，丁兹环境困难经费不裕之际，其苦心孤诣，尤堪钦崇"。或者说他是"一位严肃而紧张的绅士，脚步迅速而有力，说话总是那么诚恳，忠厚，他决不是煽动家，从不作耸动人的言词，可是他却也不是一味严肃，一味作其言也讱的仁者的，他有时却也是一个富有风趣的智者，也很会开玩笑，那谐谑却又多半机敏而高雅"。或者说他是"诚恳，公平，而具备中西美德的真君子"。或者说他"和蔼可亲，遇事镇定，遇危难更镇定。国难中之清华，他能应付裕如，困难到来，他以身当之，决不闪避"……当然，这些颂词和感想，都是对他最公允而最恰当的评价。潘光旦先生说："试问，清华所培植出来的多少人才之中，对母校竭其心力，能如是其锲而不舍的，已有几人？试问，目前从事于大学教育的人中，或负行政的责任，或主专门的讲席，对所从出身的学校，能如是其全神贯注契合无间的，能有几人？试再问，一般从事于高等教育的人中间，不因时势的迁移，不受名利的诱引，而能雍容揖让于大学环境之中，数十年如一日的，中国之大，又有几人？"所以周寄梅（诒春）先生说："自我国举办新式教育以来，数十年间，教育界同人中不乏坚苦卓绝终身从事教育之士，顾其间，亦有一部分同人，中道改途从政，无论其改途之原因是否由于不甘寂寞之一念，或迫于人事上之不得已，亦无论其改途后对于国家之贡献是否较不改途为大为多，对于原来所服务之学校及其个人，总不免为一种损失。余为中途舍教从政之一员，但余反对近年来逐渐形成的教育家纷纷从政之趋向，余认为今日教育界同人所负之使命，较任何人为重为大，余甚愿梅校长之服务精神，足以感召学人急起纠正上述之趋向。"

　　本来《清华校友通讯》的祝年专号（二十九年九月）想请梅月涵先生写点二十五年来的经过和感想，不过他十分谦虚地谢绝了。他说："我觉得没有什么可说。"再说："我不用说什么。"但是，全国各方面的奖誉像雪片样地飞来了。对于这，他只好假昆明校友在云南大学集会之便，发表了一篇十分简短的答词："无论那个人总有一些长处，但也必有他的短处，只是诸位不肯说这个人的短处罢了。仔细想来，或许诸位因为爱清华的缘故，爱屋及乌，所以对于这个人不免有情不自禁的称扬的话语，就是吴士脱大学赠给个人的名誉学位，也是因为他们敬重清华，所以对于这个学校的校长作做一种奖励的表示。诸位觉得一人在一个学校服务廿五年，应予鼓励，其实在清华服务十年以上者，已有三四十人，十五年以上者，亦有一二十人，而马约翰先生且达二十六年之久，可见清华近些年之进展，不是而亦不能是一个人的缘故。承诸位勉励，再为清华服务二十五年，如天假之年，本人固然很愿做，但即使我能活到七八十岁，在这以后的二十余年，未必还能大有用处，那么爱清华的人，必不愿以老朽累清华。不过在这风雨飘摇之秋，清华正好像一个船，飘流在惊涛骇浪之中，有人正赶上负驾驶它的责任，此人必不应退却，必不应畏缩，只有鼓起勇气坚忍前进，虽然此时此人有长夜漫漫之感。但我们相信不久就要天明风定，到那时候我们把这船好好地开回清华园，到那时，他才能向清华的同人校友敢告无罪。"

三十六年（一九四七）四月二十七日，清华大学提前在清华园大礼堂隆重举行三十六周年校庆（四月廿九日）纪念会。在梅月涵先生向四百八十余校友和一千五百余师生报告学校复员的经过，内心感觉到异常兴奋和愉快。照他过去的说法，他已经把清华这只船好好地开回清华园了。到现在，他可以向清华的同人和校友"敢告无罪"了。

二

还记得，明成祖定都北京，迁移江南大族安定北方局势的时候，梅月涵先生底一位数世前的裔曾祖，一位显赫的皇家驸马，从原籍江苏武进落户到了天津卫。那是五百多年前的事了。五百年来，梅家的子孙读书从政，在天津卫梅官屯也维持了一种富贵荣华的士大夫门第的局面。

不过庚子年（一九〇〇）的"拳变"给梅官屯，也像给其他许多大户一样，带来了不幸的厄运。在庚子年前，虽然梅官屯也在渐渐地没落了，但总还能说得上小康。在这之后，五百年的士大夫门第就整个儿地破产了。梅家的子孙不得不离开"学优则仕"的道路，有的去学生意，有的从事劳力工作，支撑着一种艰难困苦的生活。梅月涵先生出生在庚子前十年，从小饱经忧患，遭逢了家庭悲惨的变乱。十岁的年纪，学生意早就过了时候，从事劳力工作也正好开始了。但他还是没有学生意，没有从事劳力工作，还是在士大夫的道路上走下来了。

梅月涵先生底老太爷字臣，号伯忱，是一位个性极强，有胆量有魄力的人物。他中过秀才，但有新的思想。他觉得，那怕生活再苦，总得要把子女送去读书。再，他觉得，他自己的那一套，如读四书五经，写公文程式之类的东西，再也不能满足新时代的需要了，得要把子女送去读"洋书"。在那时候，他底族人们说："孩子们大了，怎么不叫他们去学生意呢。"或者说："叫他们去卖卖力气，也可以养家糊口呀。"或者说："读书最没有出息。"但他坚决排除众议，还是把他底子女送去读书，送去读洋书了。他有五个子女，梅月涵先生排行第三。他把梅月涵先生底两位姐姐送去天津女子师范学堂读书，在四五十年前的社会，真可说是轰动一时的新闻。从梅月涵先生回国之后，他对另外两个子女的教育就再不过问了。他那么放心地说："去找哥哥吧，他会照顾你们的，他不会错。"所以，这样一位忍辱负重，不避危难，而特立独行的人，对梅月涵先生的影响多大，而留给的印象又多深刻！

还记得，严修先生是当时的学部侍郎，思想相当新。他觉得救国之道，就是在举办新式教育，所以在家里面成立了家馆。严家也是天津卫的大族。由于世交的关系，梅月涵先生被送进了他底家馆读书。当时教馆的就是张伯苓先生。

之后，由严修先生集资，由张伯苓先生负责，南开学校于是开办了。梅月涵先生也就是南开学校第一班的学生。在学校里，他还是军乐队的队员，吹小笛子。他那时候读寄宿，每当他穿着制服，带着小笛子回家给弟妹们吹一段的时候，他底弟妹们还十分美慕呢。后来，他以第一名在南开学校毕业了。他们给母校打了一口井，留作纪念。

梅月涵先生在美国的时候，还从各方面节省，好剩下几块公费来，那么按月寄回家，贴补家用。从这里，可以知道他十分爱他底家。可以知道他愿对家负责任。到回国之后，他底父亲年事已长。整个儿家的重担，于是就扛在他一个人底肩头上了。

三

回国之后，梅月涵先生开首在天津青年会工作。他是民国五年（一九一六）秋进清华的。他服务清华可以分做两大时期：一是校长以前；一是校长以后。

校长以前的时期，梅月涵先生最初当算学教员。后来教物理。他在教课之余，还兼任童子军的排长。和他一道兼任排长的还有林语堂先生等。童子军都是中等科的十二三岁的小孩子。他以童子军的三大美德——智、仁、勇，和那些天真活泼的小孩生活在一起，享受了人生的乐趣。那时候，他除开读书之外，还喜爱打篮球。他打中锋，打得相当棒。

之后，梅月涵先生被教授会公推作教务长。那时候，教务长和教授的接触比现在多得多。教授可以分做两派：一派是外国人；一派是中国人。两派之间不常来往，关系十分冷淡。

他站在教务长的地位，对两方面都保持了一个公正无私的关系。这对清华的教务，可以说起了一种示范作用。

十七年（一九二八）夏，国民革命军进驻北平，梅月涵先生还当过代理校长。不过时间十分短促。三个月后，他就到美国当留学生监督去了。

校长以后的时期，又可以分成好几个段落：一是清华大学；一是长沙临时大学；一是西南联合大学；一是复员后的清华大学。

二十年（一九三一）十一月，国府任命梅月涵先生为校长。那是九一八之后，国家遭逢了空前的困难。北平各院校也遭逢了空前的困难。但他主持校务，反能有长足进步。他本来是学电机工程的，所以他特别注重理工教育的发展。二十一年（一九三二）呈准添设机械工程学系、电机工程学系，和原有的土木工程学系而成工学院。二十三年（一九三四）呈准建筑机械工程馆和电机工程馆，设立金工木工工场。暑假后，接受资委会津贴设立航空讲座，并进行航空工程的试验。增设农业研究所，添置发电机改建电厂，建造航空试验馆和飞机库房。偏重理工教育，这功绩的大小，虽然还不能有定评，但抗战时期，理工学生对国家的贡献，却又是不容否认的事实。

于是，清华的教职员和学生的人数是急遽地增加了。梅月涵先生对大学教育的目标，是认识得十分清楚的。他觉得要让教授们有一个好的研究和传授的环境，要让学生们有一个理想的读书的地方，所以开首就呈准添建女生宿舍、男生宿舍第五院和西院教职员新住宅。二十三年又建筑新斋男生宿舍和美如仙境的新南院教职员住宅。暑假后，又加建平斋男生宿舍和斋新后两列。

清华的民主制度诞生于十八年（一九二九），但这制度是异常脆弱的。梅月涵先生是同情民主制度的校长。在教授会和评议会里，也有"吾从众"的风度和涵养。而学习的一些大事小事，又都要由各种各样的委员会决定。他本人不愿意变更多数的意见，但他不是没有主见的。他是一位能干的委员会的主席，是一位集大成的贤才。

对于诚实而负责的人，梅月涵先生是要想方设法地去帮助他的。比如马约翰先生就是一个最好的例子。马先生说："我每次请教员，领经费的公事，梅先生都是照批的。我每次说谢谢他，他照例说：'马先生不要谢谢我，我们都是为着学校，用不着客气。'"

梅月涵先生的酒量相当大。在公余，他常愿意和朋友坐干杯。有时候，他也爱听京戏。

抗战后，清华迁地长沙，与北大南开合办长沙临时大学。他最早到长沙。当二十六年（一九三七）九月十三日开筹备会的时候，他是主席。之后，一切临时大学的校务都由他全权处理。后来因为时局关系，临时大学奉命结束。三校又迁地昆明合办西南联合大学。他单独留下来办结束，迟到二十七年（一九三八）三月底才离开长沙。

西南联合大学在二十七年五月一日正式开学，梅月涵先生是联大常务委员会的主席。我们知道，张伯苓先生是长期留在四川的，而蒋梦麟先生又常在外面走动，所以联大的校务实际操在他一人手里。因为三校的传统不同，学风不一样，管理起来十分困难，不过他以诚恳待人，以公正处事，任劳任怨，茹苦含辛。几年来的惨淡经营，使三校的精神合而为一。茅以升先生有次到联大讲演，说"南清北合，联大花开"，一时传为佳话。

至于清华单独的事业，在抗战开始后，农业研究所、航空研究所和无线电研究所跟着迁设到了昆明。二十七年（一九三八）秋，因为地方和时代的需要，在梅月涵先生主持之下，国情普查研究所和金属学研究所也先后成立了。后来，清华又与资委会合办云南水利的探勘，与交通部合办公路研究的试验。另外，文理法三研究所在经费极度拮据下，仍旧继续进行。而留美公费生考试，在战前曾经举行过四届。战后，二十九年（一九四〇）、三十二年（一九四三）先后举行两届，以适应国家的需要。到战争结束的年代，五研究所已并入有关的系院里面了，她们都有了内容翔实的报告，水利探勘之结果已为有关当局采用，而公路研究也有了初步的效果，对国家都可以说有了贡献。

最后要附带介绍的，就是梅月涵先生的夫人韩咏华女士对他底事业很有帮助。他还有四位小姐和一位公子。公子祖彦排行第四，于三十二年（一九四三）从军，参加美军通译工作，现在美国。大小姐祖彬已毕业于联大外文系，现任清华助教。二小姐祖枬，已毕业于联大生物系，曾任联大助教。三小姐祖杉，已毕业于联大社会系。五小姐祖芬现正准备应考大学。

选自《观察》一九四七年第三卷第十三期

// 梅贻琦与联大

时 平

昨日上午九时，联大举行结业典礼。从此后，联大不但要告别滇垣，而且也从今天起，联大已随着抗战的胜利，而结束，北大、清华与南开，都将分别北上，回到平津原址复校。

八年来，这个学校不但成为全国青年们心所向地研究学术中心，同时，它也曾在教育与文化的推动上，不管是对地方，或者是对整个国家，它都尽了所能与所应有的力量，这已经成为共认而不可论言的事实。

记者准时到了联大新校舍，那是极端简陋的茅草房舍，惹人注目的是破旧的大图书馆，刷上了黄泥粉，在清晨雨过天晴后，异常显得新鲜而与往昔不同。

签名台前一位招待员递给我一张印刷品，打开一看时，原来是《联大进行曲》曲词，首段"引"是冯友兰教授作，其词曰："八年辛苦备尝，喜日月重光，愿同心同德而歌唱"，接着是校歌词，底下还有冯友兰教授作勉词与凯歌词。为了使读者对于这个学校有正确的认识并欣赏学者的作品，特介绍如下：

"西山苍苍，滇水茫茫，这已不是渤海太行，这已不是衡山潇湘。同学们，莫志记失掉的家乡，莫辜负伟大的时代，莫耽误宝贵的辰光。赶紧学习，赶紧准备，抗战建国，都要我们担当，都要我们担当。同学们要利用宝贵的时光，要创造伟大的时代，要恢复失掉的家乡。"（勉词）

"千秋耻终已雪，见仇寇如烟灭，大一统，无倾折，中兴业，继往烈。维三校如胶结，同艰难，共欢悦，使命彻，神京复，还燕碣。"（凯歌词）

记者一边向着礼堂走，一边带着回忆与兴奋的情感，欣赏着冯友兰先生的佳作。未进图书馆，另外一位记者告诉我，梅常委坐在前面，于是我们拿着名片去访问这位八年来掌舵的梅贻琦常委。他很客气地站起来，用一种亲切口吻说：马上就要开会了，好不好把时间改一下。于是我们请梅先生选定一个比较合适的时间，他毫无迟疑地答应了下午四时，在清华大学办事处会谈。

但是像这样一位大教育家，适途告别滇垣之际，相信不少人景仰着他在这八年中备尝艰辛，如何用他的精力，支撑这个多难的学校，特别是这样三个不同的学校，而能使其"合作协和"，也委实是煞费了苦心。

梅常委看上去也不过五十岁，无论出席甚么会，总是穿着他那套中国式的长袍马褂，眼上驾着一副深度近视眼镜，头发整齐而光亮，嘴总是向外张着。身材虽然很高，但是瘦的程度，那是尽人皆知的。不过精神总是富有活力，而且有一种沉默的毅力。

说起话来，多少还带着一点天津音调，低沉而有劲，常常引得座下哄堂大笑。他现在不但是联大的常委，和清华大学校长，而且是中央委员，凡是在清华园里受过他的熏陶的人，莫不景仰其为人的。这是他个人道德修养与学术造诣的成功。

记得蔡元培先生在生前曾有一语，喻梅常委具有"猴子的敏捷精神"（大意如是）。由此，亦可想到梅常委对事对人的一贯作风。

选自昆明《和平日报》一九四六年五月五日

// 张伯苓先生传

胡适 文　李子英 译

"我没有特殊的才干，我也没有学得甚么特别方面的高深技能。我一生努力所得的一点成就，完全由于一件简单的事实，就是我对于教育具有信心和兴趣。"

以上是张伯苓述说的他自己。他时常喜欢引用一位韩国朋友对他的观察和曾说过的："张伯苓是一个很简单的人，他不会摹仿同时代的出色人物的巧妙作法，但他脚踏实地并且工作极勤，在他的事业上获得成功。"

在他仅只二十二岁时从五个学生的一家私塾办起，到一九一七年他四十一岁时，他的中学已经有一千个学生。一九三六年他六十岁，南开学校——这时包括男女中学、小学部、大学部和研究所———共有三千学生。

在一九三七年日本人破坏了天津南开学校时，他业已在重庆设立了一个新的中学，在几年之后便又发展成为全国规模最大的中学，全体学生一千六百人。

海军学兵

张伯苓一八七六年四月五日生在天津。他的父亲是一位有才干的学者，喜好音乐并且会享受生活。他是一位很有成就的弹琵琶名家，又是一位精骑术的射箭好手。把一份颇不小的家业消耗在生活享乐之后，张老先生迫不得已去教小学生维持生活。他续弦后的长子伯苓，就是生在这穷困时期。做父亲的认为自己的一生完全失败，决心给自己的孩子一种良好的教育和严厉的道德纪律。

在十三岁时，张伯苓受他父亲的教导作文很好，考取了北洋水师学堂。当时这学校是由一些出名的英国留学生办理的，内有严复（后来翻译亚当斯密、赫胥黎、密勒、斯宾塞等英国学者的著作）、伍光建（后来曾著了不少科学书籍并翻译大仲马和吉彭等人的著作）。因为年幼和国文成绩好，伯苓先生被取入航海班。他极其用功并且常常考试得第一。在他敬爱的教师中间有一位苏格兰人名叫麦克黎师，他讲解功课极清楚，而且对于学生极关切，给张伯苓一个永久的印象。

在水师学堂五年之后，一八九四年张伯苓毕业时在全班考第一名。他那年十八岁。

但那一年，中国的海军在第一次中日战争时大败，并且被摧毁了。再没有军舰供他受较深的训练。他只得回家等候一年，才又得去到海军练习舰"同济"号上当了三年学兵军官。伯苓先生就是在"同济"舰上亲身经历到中国国耻最难忘的一次意外事件，并且最后使得他决心脱离海军，献身教育事业。

在三种国旗下

中国被日本战败以后的那些年，欧洲的帝国用武力争着和日本在中国取得领土的割让。俄、德、英、法各得到一块领土，遂在中国划定了他们的"势力范围"。到处公开的时常谈论到"瓜分中国"。

在山东的威海卫，年轻的张伯苓最强烈难忘的体验到中国的奇耻大辱。威海卫的中国海军根据地是在一八九五年被日本占领。这时由日本交还中国，而随后又转让给英国。"同济"舰被中国政府派去从日本人手里收回这军港，并且第二天再转交给英国。

张伯苓曾说："我正在那里，并且我看见威海卫的旗子两天之内换了三次。我看见龙旗替下来太阳旗，第二天我又看见龙旗被英国旗代替了。悲楚和愤怒使我深思。我得到一种坚强的信念：中国想在现代世界生存，惟有赖一种能够制造一代新国民的新教育。我决心把我的生命用在教育救国的事业上。"

严氏家馆

在"同济"舰上一位年轻军官心中自然形成的这种决心，就是当时全国普遍要求变法的那种大激动的回声和反响，在那值得纪念的一八九八年，造成了"戊戌政变"，这种运动的领袖劝服了年幼的满清皇帝光绪，颁下许多诏令，取消旧的积弊并施行新政。这个老帝国像是终于被外来的侵略和自趋灭亡的危机惊醒了几世纪长久的安逸。有一时期，看着像是很可能由政府的领导和皇帝的赞助，完成久已需要的革新。

但这些错误的希望，不久就被愚昧的慈禧太后所领导的反动势力所粉碎。光绪皇帝被她囚起，政变的首领六君子被杀，许多人被充军，并且取消了所有的新法的诏令。

一八九八年变法失败卸却官职的开明官吏中，有一位学者严修，他是天津人，也是伯苓先生令尊的好友。那年十月，严先生约请当时二十二岁并且新从军舰上退伍放弃海军生涯的张伯苓，到他家里来当私塾老师，教他同他朋友的子弟们"西学"。张伯苓很高兴的接受，并且就从教五个学生开始他终身的教育使命。

张伯苓同严范孙先生的结识与合作，自从南开初创立时起，就是一件很美满的事体。范孙先生是中国旧道德传统和学识渊博最可敬佩的代表人物。他是一位学者，藏书家，诗人，哲学家，最有公德心的爱国志士。他对教育的信念，对于新时代新学识的虚心接受，和他在天津地方直隶全省（即河北省）

的道德名望，给年轻的张伯苓在创立远大的教育事业上有莫大之助力。

已故的范源濂先生——民国初年曾当过教育总长，一九一八年陪同范孙先生去美国考察教育——曾对我讲过范孙先生的一段故事。美国政府当时因为刚有一位著名的中国著作家在美国西部被一个中国的恐怖党人行刺，遂派了一位密探厄随着考察的中国教育家们。虽然严先生不会讲英语，这位美国密探员却深受他的沉静和朴素生活所感动。在考察的旅程完了时，他对范先生说道："我曾被派随从过许多来美参观的外国名人，但我从未见过比你们的严先生更可敬爱的人物！"

就是在这样的一位主人的家里，张伯苓开始他的只有五个学生的第一所学堂，这就叫严馆。三年后，又有一位天津的名人王奎章约请张伯苓每天下午到他家里教他的六个子弟。这就是王馆。

我的朋友陶孟和——中央研究院社会研究所所长——就是严馆时代的一个学生，他对我讲伯苓先生的教学法，即使早在那个时期，就很可以称作"现代教育"。他是一位很好的"西学"教师——英文、算学和自然科学。他对学生们的体操很注重。他从在上水师学堂时记得的哑铃和体操用棍棒，画出图样让木匠定做了，给他的学生们练习。他同学生们在一起玩，并且教给他们各种操练和室外运动，如像骑自行车、跳高、跳远、踢足球。陶孟和还记得他的第一次用扑克牌做游戏和弹子戏，就是从张伯苓先生学会的。这种承认科学和体育在教育上的地位，这种师生间自由而民主的共同教学和游戏，显露出年轻的张老师，是中国现代教育的一位创立者。

南开的诞生

一九〇三年，严范孙先生同张伯苓往日本考察中学和大学教育。伯苓先生带回来许多教育和科学器具，给他的学校使用。他同范孙先生对于日本教育的迅速发达印象很深，回国以后，他们决心把私塾扩充成一个完备的中学堂。

那个中学名叫私立第一中学堂，是一九〇四年秋季开办，一共有七十三个学生同四位教师，校址借用严宅的一部分房屋，每月经费二百两银子，由严、王两家平均分担。为了造就师资又立了一个特别班，从先前的两家私塾挑选年龄较大功课较好的学生，一半时间教书，一半时间自己进修。陶孟和就是这特别班的学生之一，他毕业后又去日本、英国读书，他是中国社会学研究的一位先驱和领导者。

一九〇六年一位有钱的朋友捐给这个新学堂十二亩地，就在天津的西南城角，当地叫它南开。随后进行募款，在这地上修建校舍。一九〇七年新校舍落成迁入，遂改名为南开中学，这个名字和他的创办人在中国的教育史上将永远占一显赫的地位。

随后卅年中，南开学校的经历是一个迅速而有计划的发展和进步。一九一〇同一九一一年，这个学校开始得到地方和省府的经济补助。私人的捐赠年年增加，一九二〇年——民国九年——江西督军李纯死时的遗嘱中，把他财产的一部分，约五十万元，捐给南开做基金。中国基金会和中英庚子赔款委员会，都是对南开的重要捐助者。纽约的罗氏基金团曾慨助南开大学的建筑和设备经费，并且支持经济研究所。南开从两英亩地开始，这些年中已经买得附近约一百英亩的地方，建设起广大的校舍。

张伯苓早就梦想在他的中学基础上设立一个大学，民国初年几次试办不曾成功。这个梦想在一九一九年——民国八年——终得实现，南开大学正式成立，共分文、理、商三科。民国九年又添设矿科。经济研究所是民国廿年添设的，化工研究所是民国廿一年设立的。

女子中学部是民国十二年成立，民国十七年又添设了实验小学。

因此在民国二十一年，南开学校分设五部：大学部、研究所、男中部、女中部、小学部。在被日军破坏的前几年共有学生三千人。

这样迅速的扩展，主要是由于张伯苓的不凡的领导能力。他常对他的朋友们说一个教育机构应当总在欠帐，并且一个学校的主持人若到年终在银行的存折上还有余款，他必是一位吝啬人，失去了拿钱办事的机会。他开始时甚么也没有，而他绝不怕为学校化费比预算还多的钱数。他总在计划扩充新的方案，经费缺乏从来不曾阻止他梦想更奇更大的计划，他对于未来永远是乐观的。他说："我有骗我自己的办法。"那就是他的一种说法。他能够使自己相信一切事体到头终会顺利的。而且所有的事体到最后确都成为顺利，他永远能得到为进行他的新计划所希望的援助。

他的教育信条

民国三十三年，张伯苓在他的一篇自传里说道："南开学校是产生在中国的国难中。因此它的目标是改革旧的生活习惯，并训练救国的青年。"他把中国的积弊总结为五类：

（一）体力软弱和健康不良；

（二）迷信和缺乏科学知识；

（三）经济的贫穷；

（四）不团结和太缺乏共同的生活与活动；

（五）自私。

为的纠正这些弱点，伯苓先生计划出他的五项教育改革。新教育目的必须能增进个人的体格强壮。它必须以现代科学的方法训练青年。它须使学生们有组织并积极参加团体生活与合作精神。它必须给学生们有活力的道德训练。最后，它必须培植每个学生为他的国家服务的能力。

这些事情如今似乎很平凡。但是伯苓先生竟能实在使这些理想成为他的学校生活的主要成分，真是他的伟大成就。例如，毫无疑问的，在全国非教会学校中，南开的体育是最出名最成功的。伯苓先生的运动健将们在华北、全国和远东运动会上曾获得极大的荣誉。自从一九一〇年起，他总是被聘为一切重大运动会的总裁判。他一生对体育的兴趣，和他不断的宣讲运动员精神在一切比赛中的重要性，造就出南开运动员的优秀标准。

南开在训练团体活动与合作精神上，也很享盛名。南开学生的课外活动最出名的是新剧团。早在一九〇九年，张伯苓就鼓励他的学生演戏。他曾给学生们编一个新剧并指导舞台设计和表演；而且使外界观众吃惊并纷纷谈论的是：戏里的主角竟由校长本人扮演！后来些年，他的多才的弟弟张彭春——他曾在哥伦比亚大学研究文学和戏剧——在这方面负起领导地位。好几出南开的"新剧"，在舞台上公演是很成功的。在张彭春博士的导演之下，几出欧洲的名剧，包括易卜生的《傀儡家庭》和《国民公敌》，演出甚为成功，并且受到观众的热烈欢迎。演易卜生名剧的一个学生万家宝，他的笔名曹禺，已经成为中国今日最出名的剧作家之一。

在德育和爱国思想的教导方面，伯苓先生个人的领袖能力实占重要的地位，特别是在早年全体学生还不太多的时期。在每星期三的下午，他必召集全体学生在一起同他们谈论人生问题和国家世界大事。他几乎对每个学生的名字都知道，并且尽力给学生们个别的教导。

一九〇八年他第一次游历美国和英国，并研究那两国的教育制度。他本人的真诚，他同基督教的朋友们的长久结识，和他最近的观察英美社会及人民的生活，使他对基督教抱着绝大信心，认为基督教是一伟大尽善的力量。一九〇九年他从英美回来，他受洗礼做了基督教徒。那年他三十三岁。

但是我的朋友张伯苓，决不是一位严肃的道学家。他很有幽默感。他的一个学生凌冰博士——曾一度任中国驻古巴公使——喜欢讲这段关于他第一次遇见他的先生的故事。凌君当年是从河南来的一个年轻孩子，他来到张校长的办公室请求入中学。门房让他候着，因为校长正在操场教导他的足球队。半点钟之后，凌君望见一位满头是汗高身量的人，穿着带泥土的长皮靴，走进办公室。这就是伟大的张伯苓！他立刻看出这个来访的少年脸上的惊讶表情。他笑着问他几个问题，并让他坐下写一篇短的作文，题目是一句中国的古格言"师道尊严"。这样的幽默使这年轻的投考生镇静下来作文，说明他理想中的老师应当是怎样的庄严和可敬。张校长看一看那篇作文说道："好！好！准你入第五班。"

张伯苓从始至终是一位爱国者。他一生的使命就是教育救国。他把他的教育学说总括起来作为他的校训："公能"，就是为公共服务的精神，和能拼作事业的才干。一切的教育和一切的训练，都要本着这两重目标：为公的精神和替社会国家工作能称职胜任。

战时的打击

因为张伯苓是一位爱国的教育家，他对于日本在东北的侵略行为很担忧。民国十六年他去东三省作一次考察旅行。回来以后他在大学部成立了一个东北问题研究会，并且派一批教授前去调查东北的情形和问题。

民国二十年日本侵占了东三省，并且自从二十二年以后日本侵华的战争迫近了平津一带，具有爱国思想传统的张伯苓的学校，时常和敌人发生直接摩擦。在南开大学和中学部之间，就是日本在天津驻军的司令部。然而张伯苓说道："在民国廿六年七月平津陷落以前，华北的学生爱国运动却大多是我们南开学生领袖。"

就因为这种爱国的领导地位，南开学校和大学部在民国二十六年七月二十九日及三十日被日军有计划的破坏了。连着两天，日本的轰炸机低飞着对南开的校舍施以摧毁。这不幸的消息传到当时在南京的张伯苓。蒋委员长对他说道："南开业已为中国牺牲了。只要中国存在，南开也会存在。"

南开学校被毁之后不久，张伯苓遭受到一次重大的个人损失，就是他的爱子锡祜，驾飞机去往前线时，在江西碰到山上而死。三年前锡祜从中央航空学校毕业。在举行毕业典礼时，蒋委员长以校长身分致辞，伯苓先生代表毕业生的家长，讲了一篇很激昂的演说。当他听说他儿子的死讯，他沉默片刻之后说道："我早已把这个孩子献给国家。他业已尽了他的责任。"

南开被日军摧毁早已为张伯苓和他的同人们预先料到。民国二十四年他去四川旅行并游历该省的城市。几个月以后南开中学的教务主任被派往四川，看看能否在华西建立一个学校。在重庆附近的一个地址被选定了；建筑工程开始。这个新校在民国二十五年九月开学，名叫南渝中学。这学校的建筑和设备经费的第一位捐助人，就是蒋委员长。

民国二十七年经南开校友会的请求，这个新校改名为重庆南开中学。

平津陷落后，教育部要求南开大学和清华北大在湖南长沙成立第一个"联合大学"。民国二十六年长沙校址被敌人炸毁，三校奉政府命令迁住云南昆明，在那里成立"西南联大"，共经七年之久。

"南开会存在的"

但伯苓先生的多半时间是留在重庆的南开中学。经济研究所于民国二十八年在重庆恢复起来。南开小学是二十九年开办，在民国二十八年、二十九年日本飞机轰炸重庆最猛烈时，新南开的校舍曾被炸三次；二十九年八月曾有三十枚炸弹落在校内。但被炸毁的房屋很快就修复，课业从未间断。

爱国家的张伯苓自然对于中国的政治发展向来极关心。但过去曾有许多次他谢绝了政界的高官，如教育部长和天津市长等职位，因为他要使自己专心一意去实行他的南开的教育理想。

只有抗战才把他拉入了政治生活，作了众所仰望的一个领袖。自从民国二十七年国民参政会成立，他被推举出来，先为议长，后来推定为主席团中的一员。他对于这个团体有极大的信心，认为是中国民主议会的一个试验。除掉生大病以外，他从未在参政会开会缺席一次，每两周召开一次的驻会委员会，也从不例外。他很少发言；他却时常使会场中因他那"有力的"出席，而感到他的影响。在外表上显著是教育家风度，他却愿意教导他的每个学生关心政治，虽然他们不一定去做官。

在这九年的抗战期间，南开大学是受政府补助，但南开中学仍是私立。最近政府在西南联大的三个学校复校平津以后，仍然继续补助。但张伯苓一生都是相信并鼓励教育事业由私人方面扶持。他愿意继续往那个方向努力，他的中学仍保持私立。民国三十四年十月日本正式投降后不久，南开中学主任和收复后的天津市市长同坐飞机回天津筹备复校。重庆南开中学将仍继续它在战时的光荣纪录。

年届七十的张伯苓先生，为他的南开仍怀着远大的理想。他对他的同事和校友们说道："当我回顾南开过去的勇敢奋斗史，并且我向前望到复兴的重大任务时，我望见充满光明希望的一个远大前途。南开的工作没有尽头，而且它的发展也没有限量。让我们用以往那样的勇气和毅力一同工作，并努力使南开在我们国家当前的建设期间，担当比以往更重大的使命。"

// 访张伯苓

戴扶青

　　风飘飘，雾沉沉，刺骨的气候，在浸袭着异乡的远客。这时我依然迈步在重庆的山城，这是一个人烟嘈杂的早晨（一九四四年十二月十六日）。

　　为了《海鸥》，不辞跋涉之苦，从两路口对十余公里之遥的沙坪坝南开学校前进，为的是专访张伯苓先生（那时他是参政会副议长），而且恰在头天晚间，我对张先生已具有了一个崇敬的印象。因为那时我在群众中观着露天电影（两路口跳伞塔的广场），忽见华莱士与张先生谈话的影片，对张先生身躯魁梧，精神奕奕，以及不平凡的风度从那银幕上已铭印在我的脑际里。

　　走几小时，我到了沙坪坝，太阳似乎了解人意，伸出一副和平面孔，照着南开几座伟壮的校舍杂陈在眼前，那盈门桃李，活泼而对人彬彬有礼，正表现出他们是中国未来的"主人"，也只有在这些教育栏里，才能够找得出他（她）们有乐群的思想，蓬勃的朝气，也正显示出咱们民族前途还有挽救的一线生机。那时一位学生领我到了津南村一号张先生的寓所，于是我取出自己和××闻人的介绍名片，递进去。赓即张先生派人请我，待我和张先生晤面时，张先生开头一句：

"戴先生来的真凑巧，早十分钟我未回来，迟十分钟我要走！"从张先生这话的口吻，就是说，只有十分钟和我谈话，张先生这话技述的巧妙，以及耐人寻味的利害成分可想而知了。

张先生，这时和我都迎面坐在藤椅上，室内炉火熊熊，骤然使我感到一种不可思议的温暖。于是我把来访的动机简略的奉告，同时我将创刊发起的"缘起"给张先生，谁料他展开一眼道：

"噢哟！这尽是些元老和名人所发起……"他这一声"噢哟"的寓意，换说一句，办这个纪念周刊，何需小题大作？但在这情况下，我只有默默无言，静听张先生的指示，因为张先生是中国热心教育的先锋，国际间都具有不灭的声誉。张先生看了这"缘起"的内容，他很平声静气的说：

"提高军中文化，我听得太多，实际上未免是老生常谈，谁也无法提高，比如去年居正院（长）等主张提高军中文化，实际又怎样呢？……"于是我答道：

"请教副议长，我正同意您老这个感觉。我也了解中国的问题不论大小，常常一纸公文，一个议案即为了事，所请虎头蛇尾者比比皆是，而且我对他们所谓提高军中文化，太表面，不切实际，例如：有人提倡捐书刊给部队，充实军人精神上的食粮，不择书的类别和性质，实则等于医寒症给凉药他吃，未免错用其方了。我是一个起码干部，不会说官样文章，我要从实际着手。至居院长不过是个提倡，实际是响应者，是否贯彻到底？曾记得我随军工作经过汉口，看见日报和杂志那么多，一般市民谁还缺什么精神食粮？可是偏偏汉市各街头壁报画得红红绿绿，琳琅满目，部队和农村连报纸角都没有，所以有人讥笑政工人员是'狗皮膏药'。因他们有的只是对上工作月报做得好而已。"

这时张副议长伯苓，听我的奉告后，似乎特别注意起来，他说：

"等候你的报纸出版，我才签名做发起人。……"

"报告副议长，要造十八层房子，要用钢骨水泥做基础才会坚固，本刊要提高军中文化，非如副议长这样素具声望的人发起，不足以使人注意……！若说是出版后再请张副议长等发起，不但事实不许可，而且理由也不妥当，比如先有发起后再出刊，正如造房子先有地基，然后才能造屋，否则，无地基而欲造高楼大厦，那不是造空中楼阁是什么？"张议长听我这样一说，站起身来叫人拿出黄皮包，取出一支钢笔说：

"好！我签名做发起人，希望你的报早天出来。"

"好，报告副议长，做晚的决不辜负你的希望，返昆即出版，决定苦干到底……"

我这时拜别张副议长后，我对张先生满头白发而健伟的躯干，暨说话的精神贯注，正表现在他还未老，抗建的大计，正需要张副议长襄助。

张公伯苓，为河北天津人，清末毕业北洋水师学堂后，得上海圣约翰大学及美国哥伦比亚大学名誉文学博士学位，光绪三年赴日考察教育，返国后，乃创办南开学校，任校长，八年开办南开大学，二十二年设经济研究所。七七事变，南开全部校舍，首为敌机炸毁，张氏乃鼓起余勇，设中学于重庆，大学部则由长沙而昆明，与北大清华合称西南联大。胜利以后，南大改国立，以十年为期，现设有天津、重庆两校。张氏抗战时以国难严重，始出任国民参政会副议长，胜利后又当选为第一届国民大会代表及主席团主席。国大代表曾推其参加副总统竞选，张氏以经验缺乏行宪辞谢，此次被提名为考试院长。因总统再三敦劝，不得不勉为其难。

"返昆后即出版，决不辜负张副议长的希望……"几年来，这句话如今还清清白白的铭印在我底脑海里。果然扶青为了不愿辜负张副议长的希望，同时为了文化的驱使，站在这个金钱势力互相交错的丑恶社会中，做个文化人确实"多一分知识，多一分忧虑，多一分良心，多一分痛苦"。因之，我们这个虽有历史性的刊物，但是在个人的努力苦干与同人热心协助之下，我们实在是精疲力竭，几乎骑虎难下；同时我们这群文化工作者终日和物质暴涨的压力挣扎，不免像脆弱的口蓬一样的无力支撑，像细微的蝼蚁一样的容易死灭。这不是个人悲观，长此以往，中国的文化，的确一蹶不振了。

　　然而张氏为本刊发起人，身为考试院长，本刊虽历尽艰辛未敢自懈，此情此景张氏以为如何？

　　　　　　　选自《海鸥半月刊》一九四八年八月一日（复刊第十六期）

// 闻一多的手工业

吴 晗

一多时常苦笑着说：“我是手工业者！”

因为云南出象牙，昆明文庙街一条小巷里，面对面不过二三十家店铺，倒有十几家象牙铺。送来刻的全是象牙章（石头不大有好的，他床边小桌上放着一排排的待刻图章，极少有石章）。刻牙章，尤其是老牙，要使很大劲，出一身大汗。他的右手食指久而久之就长着老大一个疙瘩。

一多在美国原来是学美术的，会描字，也学着刻图章。潘光旦先生有一颗石章就是他二十多年前的作品。那时还是刻着玩，不太高明，有一次在潘家聊天，他还拿起这颗旧章，笑着说，到底进步一点了。

他会写篆字，写甲骨文，写金文，书桌上经常放着一堆古文字学的书，也写过不少篇关于古文字训释的专门文章。有一次谈起他的一个诗人学生，很多人说此公闲话。一多慨然长叹一声，说他也上过当。这人起先跟他谈新诗，后来谈的更多的是古文字学。一多每有新见，一谈得透彻，不久，此公便著为文章发表了。从来不提谁曾说过这个话。也有几次，还没有十分肯定的见解，随便说了；不久，此公又有文章了。说闻一多曾有此说，其实是错的。应作如何读，如何解云云。如今，此公已经自成一家了，来往也就不十分勤了！当时，有人插嘴，为什么不把这些怪事揭穿呢？他笑了，不往下说了。图章刻多了，晚年手有些发抖，写小字有点感觉困难。

在昆明正式刻图章，靠这行手艺吃饭，时间大约是一九四二年的夏天。

开头似乎是联大一些朋友闲谈引起的，大家都为吃饭问题所苦恼，一月薪水，尽管省吃俭用，只能管十天半个月。有的教授太太学绣花，绣些手绢围巾卖给美国兵。有的先生们兼业，挂牌当律师。有些人索性学而优则仕，也有插一脚到工商界去的，有一个教化学的就开厂造酒精发了财。剩下这些文学院的人，学术文章是不值钱的，也没有地方可发表。一无看家吃饭本领，谈而又谈，忽然想起，写字也可以卖钱呢，跟写字连得起来的还有画画、刻图章。于是，在昆明城北北门街联大教员宿舍附近，北门书屋（李公朴先生经营的对面的一间房子，有一天挂上三友金石书画社的长匾卖字）卖画、刻图章。我记得挂的字以云大教授胡小石先生为最多，画则几乎全是公朴的岳父张小楼老先生和公朴夫人张曼筠女士的，图章要人送象牙来才刻，当然看不见。

记得还有过一个小启，是浦江清先生起的稿，骈丽四六，很是典雅，里面"程瑶田之长髯飘拂"，指的便是一多。

以后，在青云街逼死坡上和华山南路正义路的几家文具店都有一多治印的广告，白纸上贴了二十几个各式字体的图章样子，右面附上长条的印就的润例，外装玻璃框。润例开头似乎是石章每字二百，牙章四百，过大过小不刻。后来物价涨了，渐渐改到石章每字一千二百，牙章二千。照规矩收件的铺子要收十分之二的经手费，直到《民主周刊》创办，在西城府甬道有了社址，周刊和《时代评论》上替一多登义务广告之后，收件以周刊社为最多，才稍稍免去了这层剥削。

刻图章不费什么本钱，只要一把刻字刀，和对古文字的了解，字的结构排列有要艺术意味，古雅而不俗。一多恰好具备了这些条件，就靠这一行来养家。

他告诉我，最重要的是构思，人的姓名，每一个字的笔划，有繁简，如何安排繁简不同的字，在一个小方块子里，得要好好想。其次是写，用铅笔画底子，刻一个惬意的图章，往往要画多少次才挑一个用墨上石。再后便是动刀了。这段最费力，老象牙尤其费事。刻好粗坯子以后剩下便是润饰的工夫。最后，用印泥试样，不惬意再加雕琢。一切都合式了，在印谱上留下几个底子，剪下一个和原章用纸包好，标上名姓和收件处，这件工作才算结束。

一间房子是卧房，是书房，也是会客室，客人坐在床上，板凳上，他在窗前迎着光，一面刻图章，一面和朋友谈话。

这样，他这一家在战争的最后几年，幸免于饥饿。

然而，他是痛苦的。因为占去上课以外的大部时间。为了刻图章，不能有计划地有系统地读所要读的书，不能有计划地有系统地写所要写的文章。更痛苦的是为了这个，剥夺了他的自由，剥夺了他所最宝贵的时间，当他在出席一个演讲会或座谈会、讨论会之后，不能不在深更半夜，还低着头在灯下做他的苦工。

图章来得多的时候，他叹气，因为这会妨害了他所献身的工作。图章来得少的时候，他着急，因为这些天的菜钱米钱又无着落了。

刻牙章，过去没有经验。当学刻的第一天，使尽了力气，化一整天时间，刻不好一个。他难受极了，几乎哭出声来。第二天再试，改变用刀的方法，行了。他在几年后和我说这一段故事时，眼泡中还含着眼泪。

于此，我泄漏一个小秘密。他的手工业还是家庭手工业。当刻图章已正式成为职业之后，大儿子立鹤，二儿子立雕也学会这手艺。孩子们手劲大，使得力气，四段工作中就代劳了第三段，刻粗坯。

他的印谱本子是孙毓棠送的。毓棠出国前从重庆带来。另外还有一张旧藤椅，书桌是两条木凳架起的长木板，几把小刻刀，一支铅笔，还有一块小青石，是磨刀用的，这是他的全部生产工具。

他替我刻过两个私章，象牙的一个是离昆前刻的。另一个是石章，现在还寄放在昆明。

时代评论社章具有历史的意义。在刻这图章前两星期，我在逼死坡文具店用一千元买到一块旧石头，长方形。一边刻有双鱼，他也很喜欢，夸我眼力不错。问愿意刻什么字，是一句诗，还是连名带字刻在一起？我说，随便，你喜欢怎么刻就怎么刻罢！不久，时代评论社成立了。要一个公章，他就自告奋勇，连带也替我捐献出这块石头。十月三日的早晨，在枪声炮声中完成这件艺术品。刻完，兴匆匆的走来说："今天我做成一件事，很得意，你来瞧瞧。"我看见也很高兴，连说好极了。又问："你没有听见枪声吗？这样密，这样响，亏你静得下心！"他说："昨夜晚就有一些声音了，管他呢！我今天高兴做我自己的事情！"

炮火声愈来愈密了，大街小巷满是国军。断绝交通，连大门也出不去，到中午我们才弄明白是内战，国军炮轰五华山，解决主滇十八年的龙云。这样，我们这些流亡者，过了八九年战争生活，第一次看见了战争，被置身于炮火中，闻得火药味。

四月二十五日夜于清华园

选自《史事与人物》一九四八年七月生活书店初版本；节选本又见于《闻一多先生死难周年纪念特刊》，一九四七年七月二十日出版

// 忆一多师

郑临川

一

民国三十年寒假，我因准备毕业论文搜集材料，借住在导师一多先生乡下的家里——那时系里规定，每一个同学可以选定两位论文导师，我的另一位导师是北大的罗膺中先生——跟先生共同生活了半个月。如我后来常对人说的，在这半个月里，先生那种迟睡早起的研究生活给我的启发，比四年中任何讲义都有价值，都有力量。

多少个深夜，一盏菜油灯把先生按着美髯凝神夜读的身影映在纸窗上，真像一座又优美又严肃的大师的塑像。他显得那么安详，沉静，自信，不由我不深自惕励。

我准备离开乡下回学校去的前一天，在午饭桌上把要回去的意思向先生说了。

"决定了？开学还早，为什么不多住几天？"先生说。

"城里还有点小事要办。"我随便说了个理由。老实说，那种像寺院里的苦行僧似的研究生活，在当时我的确有些过不惯。

先生再没有说什么。饭后休息了半个钟头，先生把我叫上楼去，问起半个月工作的成绩，我很惭愧而失望的告诉了他。他微笑着，一面却从抽屉里拿出几大本抄本来，指着说："这些都是我好些年搜集的关于唐代诗人传记的材料，中间也有孟浩然的一部分，你拿去参考，有用的就抄了下来吧。"我非常兴奋，可又不知道说什么感激的话好。先生继续说："为什么我不早拿给你呢？我是有意叫你经过一番困难，知道做学问的不容易，无论什么学问，都是像女孩子刺绣那样一针一线绣成功的。有了这种经验，以后你才不会随意批评，随意抹煞别人的成绩。"我感动得几乎下泪，他那严肃的表情，温和的口气，我想终此一生也不会在印象中褪色的。

毕业以后，我决定离开学校上重庆去，临走以前特别赶下乡去和先生话别。就在他授给我论文材料的那间书房里，师生坐谈了一点多钟。

"离开了学校，还要继续念书呵！"这是先生最后的劝告，因为我打消了一向抱定的继续研究的计划，使他很惋惜，失望。

"一定的，以后我还想按时作读书报告，寄回来请先生改哩。"

"这样就好，我很喜欢看的。"先生似乎得了点安慰。

"可惜先生那份《全唐诗选》的目录我没有抄完，没法带走。"

"不要紧，我会记得，这一年你在教室里帮过我的忙，将来这部诗选出版，第一部先送给你。"

"那就预先谢谢了。"

这是师生在昆明最后的一面，谁知道也就是最后的诀别！

到了重庆，过的都是些"忧愁风雨"的流年。书固然常常在念，报告却一篇也没有写，心中非常内疚。因此除了因必不得已的事情写信向先生请教过一两次外，后来简直断了音信。我本来打算很快的离开机关，设法回联大工作或继续研究，以为将来倘有机会向先生解释，请罪。可是事不由人，辗转至今，我这不成器的学生已永远无法向先生剖白了！

最后，命运把我送到乡下的一个中学里，环境恰与我从前追随先生时所过不惯的相似。一样的楼窗，一样的灯火，一样的书卷，我像一颗脱离了母枝的果子，不得不用自己从母枝得来的养分，开始过独立的生活。每当夜阑人静的时候，孤灯与书卷成了我的良伴。我得说出在这样的环境中，我居然能够安详，沉静，自信，还由于几年前得到了那个挑灯夜读又优美又严肃的大师的印象。并且，当我记起先生在书房里授给我论文材料那一段往事的时候，对于年青活泼的孩子们，我也特别感到可爱。

二

"被误解乃超人的命运"，仿佛是哲人尼采的话。在我没有到一多师家里借住以前，我也是以误解的眼光看先生的。

"对于胡子的课，规规矩矩读死书没有用，最好是想入非非，大发谬论，包可以得好分数。"我第一次上了先生的课回来，一位高年级的同学向我发表他的经验谈。但我当时很固执，不肯实行他告诉我的办法。结果一年念完，成绩果然不怎么好，这不免使我有几分动心，想要如法炮制了。

第二年我选修先生的《楚辞》，读书报告的题目选定了"屈原考"。心里先存着一种出奇制胜的偏见，有意作翻案文章，于是把否定屈原的存在作为这个题目的要旨。经过两个多月，一面苦思，一面搜集材料，到能够自圆其说的时候，我便很得意的向先生请求先作一次口头的陈述，想听听先生对于这篇报告的意见。先生很高兴的答应了，约定就在当天晚上，在他借住的师范学院楼上教授宿舍里会面。

我滔滔不绝的把那篇雄辩式的报告说给他听，房间里除了师生两个没有第三个人。先生靠坐在书桌旁边，嘴里衔着那支有历史性的短烟斗，还拿一只手端住，很留神的听着，毫无厌倦或轻视的表情，比起我们在教室里听他的讲课来恐怕还要专心些。将近两个钟头我的话才说完，他斯文的把烟斗放下，又装上一斗，微笑的摇一摇头，轻轻地说：

"比我想的还妙哩，你的联想力太强了。"

我心里暗暗好笑，却又有几分难为情。

"不过考据这门学问跟文学创作不一样，当然，有时候也需想象帮忙，但得有个限度。前人所留下的材料和说法，我们固然不能无条件的信从，可是也不能没理由的怀疑，推翻。"他的语气慢慢的转成严肃。

"我们要大胆的假设，可得记住，更要细心的求证呵！"他停了一会，重新燃上烟，微微抽了几口，又继续说：

"并且，如果没有屈原的话，我们的民族决然活不到今天。伟大的诗人是民族的灵魂，借着诗，他给予我们征服苦难的勇气和保证胜利的决心。他用死为我们说出了生的意义和价值。在我们这个民族里，许多人可以没有，许多人活着等于白费，但是，屈原的存在是否定得了的么？"

面对着这位严肃，慈祥而又热情的大师，我感到无比的懔然，愧怍与悔恨，我不该轻信旁人对他误解侮蔑的话。

还有一次，在公开的学术讲演会上，先生竟然以最激烈最刻薄的口气谈到旧诗的写作。他说：

"作旧诗，我老实告诉大家，谁要是还死心眼作旧诗，简直就是准备作汉奸！汪精卫、黄秋岳、郑孝胥，哪一个不是旧诗名家？"这跟那天晚上肯定屈原存在的态度有多大的不同啊。

"胡说八道，他自己根本不懂旧诗！"听完过后，一部分同学都在背地里抗议，嫚骂，其中反感最大的要算我自己。我简直不能想象一个中国文学系的名教授会说出这种危言耸听的话，会把大多数人一致认为文学瑰宝的旧诗跟汉奸相提并论。这不但亵渎了古人，而且贻误了后学。每次跟同学或别位先生谈起这回事，我愤慨的话最多了。

然而，在先生下一年开的唐诗课程里，我完全谅解了先生的苦心。从此不但消除了对先生的误解，同时我自己在读书治学的方法上好似重生了一次。特别是对于旧诗的观点，我毅然决然的放下个人过去肤浅的陋见，承受了先生那一脉崭新的心传："诗，是从血淋淋的生活中创造出来的，绝不是像戏台上的戏子，着起古装，扮演古人的陈套，故意向观众卖好。"

在联大中文系，诗讲得好的有两位先生：一位是"古典至卜"的刘叔雅师，一位便是把写作旧诗和作汉奸相提并论的一多师。两位大师讲诗观点之不同，正如南极与北极。那一个说："宁愿坐三年牢，不愿看一句新诗。"这一个说："写旧诗是制造假古董的无聊手艺，是作汉奸的准备。"彼此各走极端，丝毫不能妥协。但是就诗讲诗的本领，两位同样的精微入妙，同样为校中的教授同学所佩服；便是在警报最厉害的期间，也常常是旁听满座，室无虚席。我想最大的原因，由于两位先生对于西洋文学都有高深独到的造诣吧。

可是仔细的回味起来，我觉得两师说诗的妙处到底有显然的差异。听叔雅师说诗，我的直觉是他把我们带进了另一个天地，是红尘不到的林泉深处，周围全是诗的空气在周流，在那里，我们无须再想到什么诗，只觉得让泉声鸟语给陶醉了。他是让我们从现实的生活走出去，跟他去作名山胜地的旅行，有他作向导，我们便觉得途中一草一木，一水一石，无不泛着美的光彩，使人感动，至于忘情。听一多师说诗可不然，他使我第一次感到旧诗是有血有肉的东西，以前的诗人怎样在诗里保留了他们不死的灵魂，这灵魂就像万古不废的山河，永远流在我们的日常生活里。每次听先生念诵唐诗，那末自然，那末亲切，我毫不觉得那些诗是古人的旧作，还以为那是先生自己写出来的，或者说，仿佛先生就是古人，在向我们现身说法呢。有时候欣赏着了迷，甚至于会忘情到那步田地，好像先生所念的古诗就是我自己的作品。他的讲法不是要我们脱离了现实去追踪古人，而是让我们在自己的生活中发现古人不朽的真精神，真面目。

这两种说诗的态度，我更爱后者，因为他告诉我们：我们是在生活着，生活在有血有肉的人间。

比方说唐诗吧，先生特别着重在初唐这一阶段，说得格外详细，卖力气。年轻的四杰——才华绚烂的刘希夷，张若虚，以及矫首云外独步高蹈的陈子昂——都是他有声有色的津津乐道的。这一批诗人仿佛就是他自己的朋友，曾经跟他并肩作过战，向旧势力投过枪，为新时代创造了新的风格。他自己似乎就是那些诗人中间的一个，犹之新诗运动中期他和徐志摩等的关系一样。从这里很可以见出先生对于新旧文学的见识。他难道真的不懂旧诗么？

"一般人开口闭口要研究莎士比亚，哥德，你懂？你配！"有一次，先生忽然骄傲而又很愤慨的说。

"就像李白、杜甫这两位盛唐诗坛的大星，我不敢讲，我不配讲。"他最大的骄傲原来来从那"慎言其余"的谦虚态度。"因为一个伟大的作家决不是一个平凡时代所能产生，更不是一个平凡时代所能了解。我们不能自己没有亲切的体验，便去跟着别人胡说。"

的确，除了初唐几位诗人被先生说成生龙活虎的姿态以外，给我印象最深的，要算先生说过的那些大历时代的诗人了。"他们是以一帮子人分担着时代的忧患，读他们的诗，使人引起怜悯幼儿的心情。"如果把诗比作剧本，把讲诗的人比作演员，那末我认为先生更适宜于表演大历诗人的角色，这自然又是时代影响和生活体验的关系。每听到先生热情的念起诗人们那些哀时伤逝的名句，好些次我真想哭，因为那些诗是一片感伤的哭声，是时代的哀声，也正是先生和我们这一群有良心的读书人的哭声呵！

"感伤是人类最低劣的情绪！"先生到底有坚强的理智，不是个甘以感伤诗人终老的人。终于，跟他评价屈原的话那般的，他用自己的血向有良心有自尊心的读书人宣告："生活是奋斗，不是徒然的感伤；是向外冲出去的坦克车，不是退守潜藏的堡垒！"

我所见到的先生一直留着长胡子。仿佛第一次见面过后，回来跟同学们聊天，说起先生的美髯，他那潇洒的风度，真有几分像法国自然派的大师爱弥尔左拉。大家都说不错。那时候美国电影《左拉传》正在昆明上演，我和许多朋友都曾经去看过，并且深受感动。没料到偶然不经意的一个譬况竟成了谶言。虽然先生并没有左拉那末幸运，但是他争取的目标和发生的影响将完全和左拉当年一样。

十月三日夜，成都

选自《国文月刊》一九四七年第六十二期

// 时代的创伤

杜运燮

　　我一九三九年讲西南联大时，正值闻一多先生隐居在昆明附近乡下，埋首故纸堆中，静享清华大学教授例有的五年一度的休假。次年秋天开学后不久，我们几个喜爱文艺的同学组织了"冬青文艺社"，请他当导师，并在第一次的晚会上演讲，这才获得对他的新印象。

　　本来我只从一些零碎的杂志文章上，以及对他作品的批评文章上，知道他原是清华大学的外文系学生，后来去美国改学美术，回国后把他自己的房间四壁漆成阴森神秘的黑色，使这位以《死水》著名的诗人给人很深的印象。他的诗，以李健吾先生的词句来形容，特点在于有"克腊西克的节制"。形式上格律是谨严的，而且在模仿英国诗形式的试验工作上，也确费了不少力量，在内容方面也有古典主义者的"节创"能力。他似乎受英国十九世纪后期浪漫主义诗人的影响很深，甚至连思想也未能摆脱其羁绊，于是遂使"死水"二字曾被用为闻先生作品的象征。他在"新月派"中，名字常与徐志摩联在一起，但他们给读者的印象，迥然不同。闻一多先生的诗给人的印象，主要是严肃而深沉，有时更如他黑墙的房间一样，笼罩着阴森的气氛。

但那天晚上他的演讲却是关于方块字的问题。一如他的诗，态度是学者的冷静，语句中却时常迸出热烈情感的火花。他沉痛论及方块字对于中国走向近代化的阻碍，被用为愚民政策的桎梏，而中国的方块字且更将阻遏中国人民文学的实现。

那一次的演讲并不长，即在那一学年中以及以后的一两年，他亦并不常演讲或写文章，但我们对于闻一多先生已获有了全新的深刻印象。我们且还觉得"死水"似与他的名字联不起来。

到了我在印度的酷热的军营里接到昆明朋友来信，告诉我一多先生"非常红"的时候，那已是两三年之后的事了。朋友告诉我，他常常在集会中讲话，他的演讲每次都很成功，都极受青年们的欢迎。联大的顽固教授们仍旧抱着学者不管政治的迷梦，为之侧目，赐他一个"大炮"的恶谥。他赞扬艾青、田间的诗，说他们的诗较少矫柔做作，较近于人民可接受的新诗。他并鼓励试验朗诵诗，一时联大学生受了他的影响，试写朗诵诗的特别多。

这自然很使当时远在异邦度着枯燥军队生活的我神往不置。所以当我去年一回到昆明，便立刻去看他，幸因过去"冬青文艺社"的关系，虽时隔两三年，他仍认识我，我们从一般时事谈起，及谈到国内文艺的各方面活动时，我就顺便问他读过毛泽东先生著的"文艺问题"没有。他说刚读过不久，并坦白承认同情延安的全部文艺政策。

就在谈起"文艺问题"时，他偶然想起他自己的思想改变经过。他从乡下家里步行到学校上课，须经过一段颇长的环城马路。在马路的两旁常常坐着或躺着疲惫、褴褛、饥瘦的"壮丁"，有的如乞丐，有的如囚犯，有的如已死的路殍，不忍卒睹。如同那位目击病老死三人后因而立那抛弃王位美妻幼子入山修道的释迦王子一般，闻先生的良心受到猛烈的打击，但自然，这只是把他推向勇敢否定丑恶现实的第一步。其实当时欧洲盟国优势地位尚未稳固，东方的总反攻亦仅在准备阶段，而国内的政治制度的腐败则全盘暴露，各地物价暴涨，民不聊生，处在占当时大后方物价第一位的大城市的闻先生，一家七八口，当然更要感到生活给他的日甚一日的重压。他因联大的薪津不足维持全家的生活，并在中学里兼课，为人刻图章，以增加一点收入。

虽在生活的重担下，当时政治低气压的窒息下，他给青年们指导正确的道路外，仍加紧从事他研究中国旧文学的工作。他因已获得对历史、社会的新看法，对于中国文学史的研究，遂不断有新的收获。

去年五月间一次"冬青社"在自由论坛社举行的晚会上，他提出应自英美有闲阶级文学的小圈子里解放出来的问题。他即以他自己为例，说过去为英国作家所囿，致创作及欣赏方法都盲从做了与中国读者凿枘不相入的英国作家的奴隶。如果我们真的要创作中国作风中国气派的人民文学，这一步的解放是少不了的。

去年诗人节，昆明各文艺团体在云南大学至公堂举行纪念晚会，他是最受欢迎的演讲人。这是我第一次看见他在群众大集会上演说。他具有诗人的表现情感与思想的适当美丽词句，革命家的热情，演说家所需要的洪亮的好嗓子，而且他对群众心理亦有深切的认识，了解他的听众，所以他的有力的警句便不断地自他那围有山羊胡须的嘴里流出来，群众不断地报以最热烈的掌声。那是非常感动人的场面。所有听众莫不以得能参加那感情泛滥的狂潮为光荣。

他对于屈原的意见，我已记不清他所讲的全部。只有他那样肯定地说"屈原是人民的诗人"，以及"许多问题我从前无法解决，现在因有了新的眼睛便很容易得以解决了"，永远鲜明地印在我的心里。

想不到那竟是我最后一次聆听他的研究心得的机会。这些年来他在研究中国旧文学的工作中获得不少新的发现。他想给中国的文学遗产作一个新的评价。他计划写中国文学史，想编一本以现代眼光取材的旧诗词的选本……然而，这些眼见就要结出异果的奇花，现在却被暴徒摧残了，我们心里将永远留着一片无法填补的遗憾与愤怒。

闻一多先生以一个纯粹的诗人，艺术家，学者，而终于觉醒，从沙龙书斋走上街头，从狭小的个人兴趣走到关心全人类的生活，立在时代的尖端嘶声呐喊："这是我们这时代的一支火炬！"然而，只顾着自己手中的火炬与前面的远景，背后来的狠毒的血手还无法预防，他被狙击倒下了。这是我们这个时代的致命的创伤。

他自然也不过是一个创伤而已，没有力量可以阻止要前进的时代。将来的人类也许可看到这个时代的满身被无耻黑手所狙击的无数创痕，但对其前进的步伐并无法阻止，甚至还使其加快了许多。

选自《萌芽》一九四六年第一卷第二期

// 朱自清先生传略

浦江清

　　朱自清先生，字佩弦。他的字不很通行，他的名是每个中学生都知道的。他写的文章，或署名，或署字，而书成出版时，一概用名。在学校里也用名，学生都称他为朱自清先生。原籍浙江省绍兴县人。祖父讳则余，字菊坡。祖母吴氏。祖父为人谨慎，在江苏东海任承审官十余年，民国纪元前七八年退休，迁居扬州。父讳鸿钧，字小坡。母周氏。民国纪元前十四年，前清光绪二十四年戊戌（一八九八年）旧历十月初九日，先生生于江苏省东海县，为小坡公之长子。后来他在扬州长大，在扬州读书，就入籍为江苏省江都县人。祖父退休后，他的父亲随侍在扬州，任扬州承审官。先生原名自华，弟物华、国华，妹玉华，皆生于扬州。民国元年，菊坡公逝世，留下些产业，家道小康。此后他的父亲到过江西石港、江苏徐州，历任盐酒各税局局长，廉直清正，一无积蓄。读过他的诚挚动人的《背影》的都知道他有位极其慈爱的父亲。那时他的家庭遭遇不幸，祖母病故了，父亲的差使也交卸了，正在变卖家产，借钱办丧事。菊坡公的一生谨慎，小坡公的忠厚廉直，这些性格不折不扣地都遗传给先生。

扬州从隋唐以来，是南北水陆交通的都会，富庶繁华、人文荟萃之邦。先生幼年，值科举初废，学校方兴，早承庭训，读过些经籍古文。民国纪元前后入新式学校，在安徽旅扬公学上学。十五岁，入两淮中学（今扬州中学），成绩优异。十九岁毕业，即考入全国最高学府北京大学的预料。父母的喜欢自不必说，而千里迢迢，进京求学，为了安慰老人，他答应了早婚。到京半年，寒假中赶回家乡结婚。夫人武氏，名钟谦，扬州名医武威三之女，与先生同岁。婚后感情甚笃，仍北上读书。不料祖母病故，父亲赋闲，他愁着读书年限太长，恐家计艰难，遂改名自清，投考北京大学本科，再发再中，又被录取。时北京大学尤以文科著名，先生入哲学系，加速用功，在三年内修毕学程。民国九年夏，毕业于北京大学文学院哲学系，得文学士学位。

先生性喜交游，在北大认识不少同学。同他交情最厚的有同学兼同乡的任中敏，在校时不熟而后来成为良友的有俞平伯。哲学系主任胡适教授正领导着新文化运动，倡导文学革命，风起云涌，给予先生的影响颇深。他热心参加学生运动，并开始创作。最先试新诗，其后用功散文。早期的作品，收在《雪朝》、《踪迹》两个集子里的，正是五四运动前后所写。使他成名的是长诗《毁灭》与长篇散文《桨声灯影里的秦淮河》，作于北大毕业后的两三年。时人比《毁灭》为新文学中的《离骚》、《七发》，评《秦淮河》篇为白话美术文的模范，此时他一跃而为第一流作者。

在杭州第一师范，初尝讲坛粉笔生涯的滋味，他觉得很不合式，几乎要辞职，是学生留住了他。他的思想很新，同学生热心地讨论哲学上的问题、人生的意义，提倡用白话写作，策励青年，很得到学生的信仰。历任浙江省立第一师范（杭州，民九至一一）、吴淞中国公学、浙江省立第六师范（台州，民一一）、浙江省立第十中学、第十师范（温州，民一二至一三）、浙江省立第四师范（宁波）、私立春晖中学（上虞白马湖，民一三至一四）的国文教员，江苏第八中学（扬州，民一四，他的母校）的教务主任兼教员。在江浙两省教书五年，教育了不少青年，同时也训练了自己。他渐渐地抛弃哲学，专心研究语文教育。他所任教的各个地方，不乏山水名胜，课余游览，写新诗、游记、散文，陆续在文艺杂志上发表，同时加入了上海的文学研究会。在此时期，他和夏丏尊、叶绍钧、丰子恺、朱光潜、郑振铎为友，互受影响。在语文教育上的同道有夏、叶两位，后来他和叶绍钧合作了许多有关国文教学上的著作，其趣味与经验植根在这五年的中学国文教学上。每个中学生都读过他的文章、他的书，终身得到他的益处。

白话文运动慢慢地成功，攻破了国学和古文的壁垒。民国十四年，北京清华学校加办大学部，成立国文系，聘先生为教授。校址在北京西郊清华园，环境幽美，图书丰富。国文系中多老辈，有古文名家，又有前清的翰林、举人，先生年才二十八，然而青年学生中喜欢新文艺的却愿意转到他的班上来（见哀韦杰三文）。清华设有国学研究所，聘梁启超、王国维等为导师，学术空气浓厚，于是先生见闻日广，益谦虚，自居后辈。次年，接眷到校，住清华园西院。《荷塘月色》、《儿女》两篇写他在园内的生活。他把散文零篇，继《踪迹》后，集成《背影》一集付印。那时，他已是五个儿女的父亲了，生活的重担压着。不幸武氏夫人积劳成疾，十八年，在扬州病逝，年仅三十有二，遗二子、三女。

民国十七年，国民政府北伐成功，国内统一，定都南京。清华学校改国立清华大学，由罗家伦氏长校。他的老同学杨振声长文学院，兼中国文学系主任，气象一新。新的计划是尽可能向新文学方面发展，先生亦参与草拟方案。十九年，杨氏离校，冯友兰氏长文学院，先生继任为中国文学系主任。他的专门研究是诗歌与文学批评，任"新文学概论"、"歌谣研究"等课，皆编有讲义。古文学考据的著作有《陶渊明》、《李长吉》两篇论文，先后发表于《清华学报》。学者之间都称道他的谨严博洽。二十年，休假出国赴欧游历，又留学英国，在伦敦大学读语言学及英国文学。二十一年，返清华大学，时梅贻琦氏长校，先生复为中国文学系主任。此后数年，清华大学中文系均由先生主持，名教授有陈寅恪、杨树达、黄节、刘文典、俞平伯、闻一多、王力等，一时称盛。先生周旋老辈，奖掖新进，使新旧学术平衡发展，同人师生，感情皆洽。二十四年，兼任清华大学图书馆主任。二十五年辞兼职，专任中文系主任。

在出国赴欧前，他和陈竹隐女士订婚于北平。陈女士，四川成都人，少先生七岁，毕业于北平艺术学院，为齐白石、溥西园弟子，工书画，善度曲。二十一年八月，先生返国，与陈女士结婚于上海，偕返清华园，卜居北院。新婚伉俪，生活极愉快，先生写作益勤，成散文集《你我》及《欧游杂记》、《伦敦杂记》稿。长子迈先，长女采芷，从扬州出来，到北平就学。为了家用不足，不得不兼职，他和杨振声、沈从文共事，参加部编中学教本工作。于文章注释外，他又旁参博考，写下了若干部国学要籍的提要和说明，这部稿子就是《经典常谈》的底本。他又应上海良友公司之约，参加"新文学大系"的编辑，编选《新诗》一册。在清华大学，他开设"宋诗"及"中国文学批评"两门新学程，成《宋诗钞略》、《诗文评钞》两书。又开始研究中国文学批评里的几个基本观念之演化，在诗论方面先整理出头绪来，成《诗言志》论文一篇。他正要继续写稿时，二十六年七月七日，卢沟桥变起，中日战争开始，打断了他的安居治学的生活。

二十六年九月，清华大学奉教育部命南迁，与北京大学、南开大学联合，成立临时大学于长沙。先生留眷在北平，独赴长沙，被推为临时大学中国文学系主席。文学院设于南岳，时战氛弥漫，弦诵不辍，先生常出讲演，激励士气。在南岳半年，生活朴素，与北大、清华、南开三校的文学院诸教授谈学游山，登祝融峰，游方广寺，多题咏。二十七年春，临时大学奉命迁昆明，改名为西南联合大学，文学院设于蒙自。先生游历桂林、阳朔山水，经安南入滇，其眷属自北平脱险南来，定居于蒙自，任中国文学系主席。次年，迁昆明。时敌机轰炸甚烈，眷属疏散到乡，迁居昆明西北郊外梨烟村。村居简陋，遗仆役，夫人亲操家事，先生步履往返城乡，教学甚劳。其时图书缺乏，研究工作停顿，他注意到通俗教育的重要性，要使学术通俗化，乃续写《经典常谈》稿，又与叶绍钧合作《精读指导举隅》，又与浦江清等创办《国文月刊》，促进国文教学。胃病时发，二十九年春辞西南联合大学中文系主席，由北大教授罗常培继任。是年夏休假，同眷赴成都，住东门外宋公桥报恩寺，其地清幽，亦避免轰炸、疏散眷属之所。暇居一年，与萧公权等多倡酬，作旧诗，格律出入昌黎、圣俞、山谷间，时运新意，不失现代意味。又与老友叶绍钧相会，合作《略读指导举隅》、《国文教学》两书。三十年秋返昆明，留眷在成都，其夫人任四川大学图书馆职，长女采芷、三子乔森在成都上学，子思俞、女蓉隽尚幼。

先生返昆明，住北门街宿舍，辞系主任，由闻一多继任，专任教授。清华文科研究所成立，由冯友兰院长兼所长，闻一多任中国文学部主任，设所址于昆明东北郊外龙泉镇。先是，民国二十五年，清华大学鉴于华北局势紧张，筹设分校于长沙，择一部分图书仪器南运。时先生兼图书馆主任，实主持甄别图书装箱南运之役。南运图书由湘入川，大部分被炸毁于重庆，先生最为伤心。小部分运到昆明者，文科研究所成立后，整理残余，陈书满楼，于是进行研究工作。先生以半星期居城中授课，半星期下乡至研究所，与闻一多、许维遹、浦江清、陈梦家等共同研讨，续写中国诗论专篇若干，成《诗言志辨》一书。在北门街宿舍，披览现代文艺杂志，作新诗评介多篇，成《新诗杂话》。先生母周氏太夫人已前殁，三十三年，小坡公殁于扬州，年七十有七，先生闻讯哀恸，时胃病已到严重阶段。

三十四年八月，胜敌受降，学校议迁回北平。三十五年春，文科研究所结束，闻一多辞主任，先生虽健康未复，不得已复任为中国文学系主任，计划复员。其年夏，西南联合大学结束，师生分批离滇，闻一多被刺于昆明。时先生已离滇赴成都，同眷属飞回北平。清华大学复返故址，先生住家于北院旧居，八年流徙生涯，至是略得休息，健康稍复。他收集闻一多遗稿，主编"闻氏全集"。内乱起，国内统一无望，生活艰难既同于战时，而精神上更其苦闷。先生觉老之将至，益多写作，努力成《语文零拾》、《语文影》、《论雅俗共赏》、《标准与尺度》数书。他的散文更其精练老到，思想更其开广，更其注意到通俗的大众的文学，在现代文学批评中，他的持论最通达公正，名望甚高。他在昆明时渐致力于文学史的研究，授此项功课三年，所以处处能用历史的观点，通古今之变。最后，他研究通俗文学，注意小说史，还没有论文发表。开明书店编中学国文教本，仍邀先生合作，他与吕叔湘、叶绍钧共同计划，担任了语体文的教本。三十七年春，胃病大发，教授二十三年，难得看到他请病假两周。然而到了学年考试将至，他又抱病上课，认真地结束了功课。至是，在校服务又满七年，乃提出休假。计划在园内养息一年，编开明课本并预备"现代散文"一门功课。他参加一学年的最后一次教授会，通过毕业生名单后，他的职务完了，办理交卸。暑假中稍得休息，清晨傍晚，常曳杖逍遥于北院杨柳荫中，同人均讶其消瘦。八月五日，胃病大发，卧床呕吐。六日晨剧痛不可耐，由清华校医室送往城内北京大学医院诊治，知十二指肠溃疡穿孔，开刀治疗。起初两三天经过良好，其后转他病，突趋严重，体力不支。十二日上午十一时四十分，溘然长逝，年五十一岁。临危，执夫人手不释，从容若平生，无遗命及后事。子乔森、思俞，女蓉隽侍侧，知交学生来视病者，鹄立门外。噩耗传到学校，清华大学全体学生静默致哀。其长子迈先自蚌埠奔丧至北平。身后惟遗书满室，有《论白话》残稿存案头，盖剧病时辍笔者。学校为治丧，并向教育部请恤。

先生长子迈先服务军界，为中校教官，已婚。次闰生，服务新闻界。次乔森、思俞，还在读中学。长女采芷，三女效武，均已婚。次女逖先，卒于抗战期中。幼女蓉隽，方八龄，在小学。

先生既殁，亲友知交、文坛作家以及他的学生皆执笔为文，追忆哀悼，遍载国内数十种刊物。他的传记材料，在各方征询中，将来须集二三知友公同考实商定，又须能文之士执笔润色。今兹所述，粗具记录，亦或有误失。又不暇为文，略述梗概，以备参考而已。

八月二十六日

// 回念朱佩弦先生与闻一多先生

冯友兰

　　闻一多先生与朱佩弦先生是一代的学人作家，也是清华中国文学系的柱石。他们二位先生文学的创作，作风不同，为人处世，风格亦异。一多弘大，佩弦精细。一多开阔，佩弦谨严。一多近乎狂，佩弦近乎狷。二位虽不同，但合在一起，有异曲同工，相得益彰之妙。清华中国文学系何幸而能有他们二位在一起有十多年之久，又何不幸而于正在发展的时候，失去了他们。

　　佩弦自民国十四年起一直在清华。自十九年起，除中间有几年外，一直主持中国文学系的系务。一多到清华任教授以前，在别的大学担任过重要的行政职务。几次学校内部风潮，使他对于学校行政感觉厌倦。到清华以后，先七八年，拿定主意，专心致力研究工作。他的学问也就在这个时期，达到成熟阶段。在战前，有一次叶公超先生与我谈起当代文人，我们都同意，由学西洋文学而转入中国文学，一多是当时的唯一底成功者。

二十六年中日战起，北大、清华、南开迁到湖南，那年秋季三校合组成临时大学。文学院设在南岳。我们在南岳底时间，虽不过三个多月，但是我觉得在这个短时期，中国的大学教育，有了最高底表现。那个文学院的学术空气，我敢说比三校的任何时期都浓厚。教授、学生，真是打成一片。有个北大同学说，在南岳一个月所学底比在北平一个学期还多。我现在还想，那一段的生活，是又严肃，又快活。

那时候生活还便宜，教授饭团的饭，还是很好。同人们于几个钟头底工作以后，到吃饭底时候，聚在饭厅，谈笑风生。有一次菜太咸。我说："菜咸有好处，可以使人不致多吃。"一多用汉人注经的口气说："咸者，闲也。所以防闲人多吃也。"

南岳有个二贤祠，据说是张南轩与朱子相会之处。其中有"嘉会堂"，榜曰"一会千秋"。我到那里，想起来晋人、宋人的南渡，很有感触。回到文学院宿舍，作了几首诗。其中二首是："二贤祠里拜朱张，一会千秋嘉会堂。公所可游南岳耳，江山半壁太凄凉。""洛阳文物一尘灰，汴水纷华又草莱。非只怀公伤往迹，亲知南渡事堪哀。"佩弦很赞赏这两首。学生开了一个诗朗诵会，佩弦就拿这两首去朗诵。

随着战局的转移，三校决定于二十七年春天，迁往昆明。一多同学生步行，佩弦与我及同事十余人坐汽车从长沙到桂林，经南宁、龙州，出镇南关，再坐法国人的火车到河内转昆明。在刚要到镇南关底时候，我的左臂碰断了。幸而一出关就上火车，到了河内，佩弦及陈岱孙先生为我奔走，把我送进医院。又陪我两天，他们才走。

在昆明，三校合组为西南联合大学。在这个组织之下，学生是共同底，但是三校，还各保持自己的结构，以为将来复校底预备。佩弦于二十九年休假。清华的中国文学系主任由一多代理。一多在这个时候，就拟了许多发展系务底计划。三十四年佩弦由成都回昆明，很赏识一多的计划，就坚持将系主任让与一多。

一多的计划之一，就是发展清华文科研究所。那时昆明常受空袭，机关、私人，多疏散至乡间。清华在昆明东北龙头村附近之麦地村租房一座，作为清华文科研究所。清华中国文学系的教授、助教，都住在那里。每星期有三天到联合大学上课，有三天住研究所里做研究工作。佩弦也是每星期有三天住城内北门街清华教授宿舍，有三天住在研究所。

那时候我的家眷也住在龙头村，进城来往，都是步行。我很怕同佩弦一起走，因为他虽身体不高，但走路很快。同他走很觉吃力。一多走路底速度，同我差不多。有一次我同一多由城内走回龙头村，我们顺着河堤的林子，一面走一面谈论，走了两个钟头，到家了，话还没有谈完。

在抗战的末期，一多开始谈政治。有一天他在报上发表一篇文章，说，现在叫他不能不谈政治。他说谈政治的后果，他是知道底，但是他"喝出去了"。我看见这篇文章，还与他开玩笑，说："你写了一个白字，'喝'应作'豁'。"他"豁出去了"。朋友们在当时都很耽心，但是没有人想到他谈政治的后果如此悲惨，也可以说是如此壮烈。

在三十五年春天，一多与我作了几次很恳切底长谈。那时候他相信政治协商会议能够成功。他说，他并不打算完全作政治活动，"不过同你们比起来，我是一脚门里一脚门外而已。等到政治上告一段落，我的门外底一只脚还是收回，不过留个窗户时常向外看看"。他又说，他已决定回北平以后底研究计划，他打算用唯物史观底观点研究中国文学史。他说，他对于中国文学史底材料，知道很多，但是对于唯物史观底研究，还嫌不够。他想找个人合作。关于清华的文学院，他主张将中国文学系与西洋文学系合并为文学系，而将其中关于语言底课程分出来，另设语言系。这一个提议佩弦也很赞成，不过不能实行。因为教育部把各大学管得紧紧地，什么事都得照着刻板底部章。

一多又同我说，他的政治上的关系，必然使学校当局增加困难。因此他愿意辞去清华中国文学系主任，专任教授。主任一职仍由佩弦担任。佩弦为人，向来是不轻然诺底。我为这个事，又与佩弦长谈了许多次，梅月涵先生又亲自劝驾，才把这个担子又放在佩弦身上。

三十五年夏，西南联合大学解散，三校分批复员，我先到重庆，从此就与一多长别了。我到北平以后，接着就往美国，我在西苑上飞机，恰好碰着佩弦下飞机。匆匆一谈，直到今春我回国，才再见着他。

　　我回来后，中国文学系的同人在佩弦家里请我吃饭，说到有人提议，要与一多在校内立纪念碑。我说纪念碑要立在与王静安先生的纪念碑的对称的地方。一多与王静安的死，都不平凡。他们所殉的理想不同，但他们的死，都有极大底意义。我说，我记得有个宋人的笔记说："伯夷太公各为人间办一大事。"这句话可送与一多与王静安。佩弦也深以此论为然。不过立碑的事，因经费不够以及时局不定，没有实现。

　　我回来看见佩弦，第一个印象就是太瘦。经过几个星期，又发现他办事比从前更谨严，几乎就近于拘谨了。清华新设立一个艺术史研究委员会，办了一个文物陈列室，买了一点古物，所用底款项有一部分是从中国文学系的预算中摊出底。他还备了一个公函到艺术史研究委员会请备案。我有一次请他夫妇吃饭，他的胃病发了，不能来，还叫书记写一封信，他亲自签名，说明只有朱太太可来的缘故。我想这表示他近来神经过于紧张。

　　七月底我往沈阳一趟，八月初回北平。佩弦已进医院动手术了。我去看他，见他瘦的几乎不像是佩弦了。他的声音很微细，但是他还有平日底幽默。他说：他不善自己保养，"别人是少不更事，我是老不更事"。

　　不过几天的工夫，他就死了。一多、佩弦之死，专就清华文学系说，真是有栋折榱崩之感。"江山代有才人出。"我相信，将来必定有人能继续他们二位的工作。但是就眼前说，对于中国文学的过去与将来有一套整个看法底人，实在太少了。这是我们的悲哀。

原载《文学杂志》一九四八年十月第三卷第五期

// 悼念朱自清先生

游国恩

"人生非金石，
岂能长寿考？
奄忽随物化，
荣名以为宝。"

——古诗

那是民国三十一年的秋天，我与朱自清先生在昆明东郊外一个农村——司家营第一次见面。因为我初次来联大教书，联大中文系的同事很多，无论识与不识，都想去拜访一下。那时联大中文系的主任是北大中国文学系主任罗莘田先生，于是便由罗先生带我去看他们。在一栋云南式的民房里，一座四合楼房，正楼上靠墙陈列着一排旧书，书桌顺序地摆成一个口字形，像图书馆，也像乡村的私塾。前楼及东西旁楼则都是卧室，这便是清华大学文科研究所。我们一上楼，就看到闻一多先生，他很热烈地给我介绍朱先生以及其他各位先生。除了闻先生，我都是初见面的，这就是我和朱先生做朋友的开始。

　　大约不到一个月后，我也搬到司家营来住着。一间又脏又乱的破楼紧靠着清华研究所。几乎彼此间说话的声音都可以听得见。因为研究所有书有电灯所以我差不多每天甚至每天晚上都去看书，闲谈。当我发现朱先生研究的兴趣——尤其对于旧诗的意见及写作与我颇有同好之后，我们见面的次数也就渐渐地多起来，同时彼此间似乎都感到更浓厚的兴趣。

　　起初，我没有料到朱先生对旧诗会有兴趣的，更没有料到他喜欢作旧诗，尤其没有料到他会爱好"宋诗"。有一天，我们在研究所谈天，他忽然要求我出示入滇以来所作的旧诗。当时我很惊异，同时又很高兴：因为从他的谈吐里我已经意识到他对旧诗不但爱好，而且功夫很深。在文艺上我将会多有一个同志了。所以我略一踌躇之后，就鼓着勇气，写了两首向他请教。自然他的好评我是不敢当的，但由于他的态度的诚恳，我觉得他并不是虚伪的客气，虽然我自己是感到十分惭愧。从此以后，每一见面，他总是问我作诗没有，其实我对于此道不过是玩票的，偶一为之，并非有什么癖好。然而为了他的鼓动，使我久已闲歇的心情不免会动荡起来。偶有所作，必要抄给他看。日久之后，抄给他的诗的确不少，他抄给我的也不少。

　　那时候我们生活很苦。司家营离城十余里，每周入城上课，大家都是步行。朱先生为了免除往返之劳，另外在城内北门街清华大学的教授宿舍里设了一榻。有事，查书，或星期六，偶尔下乡住两天。他穿的一件破旧不堪的夹袍几乎一个纽扣也没有，而每个纽扣的部位都用布条来代替，我就亲眼看见过他自己缝纫断了的布条。这用布条代替纽子的装束，使我想到旧剧中的古装。那年冬天，由于罗莘田先生的推荐，我和他都在留美预备班兼了一个职。彼此分任一组国文。于是我们除在乡下，在联大，每周都有两次固定的时间见面。预备班是管伙食的，但每次课后的午餐他总是不吃，或虽吃而多所忌避，我开始发现他有胃病了。但胃病并不严重，想不到竟会以此致命的。那时我已由司家营搬到一个相距里许的村子——棕皮营住了。一天下午，预备班下了课，我们相约一同下乡，取道岗头村，沿赛公堤，穿过一个大田坝便到了北仓，就是司家营的后面了。这条路我没有走过，他说："我来带路。"记得他手提一个麻布口袋，很快的走在前面。我们一面走，一面谈，并未休息，不知不觉也就到了。在司家营后面的桥头上分手时，他说："你若不搬走，这不就到了吗？要多走两里路。"于是一笑而别。

三十二年冬，我又搬到司家营来了。那时浦君练（江清）先生也住在清华研究所，许骏斋（维遹）先生和何善洲先生在乡下的时候较多，而闻先生还未搬进城，朱先生又时常下乡，所以司家营又骤形热闹了。在三十三年春夏之间，由于生活苦，无聊，我们大家都写了些诗，但目的并不在诗。暑假中，朱先生回成都，我因事去大理，这时我因一个问题要查书；在我们未离昆明时，我托他在成都把二酉堂丛书中所辑的《三秦记》某部分钞寄给我。不料我到大理不久，突患盲肠炎，危险万状，幸得朋友们的抢救在一个教会医院开刀割治好了。经过一个多月才回昆明，而朱先生还在成都，却已经把我要查的东西钞寄来了，并且细心校对，加以按语，底尾还附了下面一段话：

　　泽承先生：嘱钞《三秦记》，已钞如右，乞察。此间友人颇有欲读尊诗者，便中如承钞寄一二十首最为感盼。《村居杂诗》亦盼将《中央日报》刻稿惠寄。以前蒙录示各首除"粲"字韵二首外，俱未带来，钞时不妨重复也。潘伯鹰君在渝印"饮河"副刊专载旧诗及诗论文（多白话作）。过渝时曾示以涤非诗，潘君选录五首，颇为读书所重。在此查病访友，已了一月，本意在休养，亦不以无工作为悔也。胃病或谓十二指肠溃疡，或谓迁性肠炎，大概不太严重。知注并闻。弟回昆约在九月二十日左右，匆上即颂

　　著祉

弟朱自清顿首，二十一日

　　这是三十三年八月二十一日寄我的信，他不知我还在大理养病，等我回来，他也快回来，所以并未回信。而村居杂诗则已由浦先生寄去了，转刊于"饮河"中。信中提到的萧涤非先生，是联大教授，现任山东大学教授，朱先生的高足，旧诗功夫极深，其诗颇为朱先生所欣赏。为了文字，他这样的为朋友揄扬，我不仅是感激他，我真佩服他这种"见善如不及"的态度。

　　说也奇怪，在我和朱先生认识以前，我们两家的孩子们

已经是好朋友了，原来廿八年春他的大小姐朱采芷，与我的大女儿珏，同在疏散于呈贡县海宴镇（俗名石子河）的昆明第一女子中学读高中一年级。那时她们都不过十九岁，大概是同年罢，因为都是流亡学生，同班而又同宿舍，所以虽只是短短的一个学期的同学，而彼此却很要好。不久，我的女儿转到镇南一个外省的教会联合中学了，朱小姐也到四川去了。五六年后，她们同时都在大学毕业了。据我所知，孩子们自从分别以后，六七年间，彼此通信始终没有间断。偶尔见到她们的信，彼此间的友谊始终是在维持着，而且不断的在增进。然而在三十一年暑假以前，我与朱先生还是不相识的呀。直到三十四年秋，我迁住于城内北门街的北仓坡，同朱先生的城寓相邻。而朱小姐恰在那年冬天来昆就业，常常到我们家来，久别重逢的小朋友高兴可想而知。必要时孩子们便权充作我们的临时信使，这样经过了一年，直至我与朱先生先后离了昆明，而她们在两个月后，同坐联大复员汽车到长沙，以至于同乘美国登陆艇同到上海而彼此分手。

朱先生先我而离昆明。大约是三十五年六月初间，我从大东门外某医院回来，忽然在城根看见他坐着人力车迎面而来。几件小行李放在脚下。他一见我就说："我就要上飞机飞成都了。对不起，没有来辞行。"我说："三个月后我们北平再见罢。"事实上到了北平之后，清华、北大虽只一城之隔，而我们却直到是年十二月、次年二月，才先后在清华园见过两次。我们都感到见面不容易，回想在昆明，尤其在司家营的时候，都不免有点慨然了。这两次，我觉得他的精神还不如从前，说话似乎没有力气，我问他胃病怎样了，他总是说："还好。"我劝他极力节劳，多多休息要紧。

去年四月间，他托人转来一册《京沪周刊》和一封信这样的信：

泽承先生左右：久未晤，为念。前得潘伯鹰君一书，嘱向先生索讨，原函附奉。迳径洽，为荷！《京沪周刊》一册并附上，并乞转寄涤非。五月节日多，文债累积，太苦太苦！明日偕学生及眷属游山，真所谓偷闲学少年也。匆此，即颂

文祺

弟自清顿首，三十六，四，十九

原来是潘伯鹰先生已将从前在重庆办的"饮河"诗刊移在《京沪周刊》出版，特来信向我们征稿。于是我们和"饮河"的文字因缘又恢复了。然而从此信看来，他的生活也真够苦的。

不久，清华文科研究所研究生某君考初试，他又来要我担任考试委员，当时我因事不能参加，写信去抱歉，现在想起来，真是错过一次见面的机会。今年二月，我们在莘华楼一次饭局聚会之后，不到半个月，他忽然来我家，这回见他脸色惨白，面庞消瘦见骨，眼睛深陷下去。我不禁大吃一惊，连忙问他的胃病如何，极力劝他休养。他问我近来买了什么好书没有，我说："买不起书。不久以前，花了八万元买到一部杭世骏的《订伪类编》，是嘉业堂丛书的零种。"他翻了一翻，连

说："这书不错，大有用处！"他走了之后，我想到他的样子太难看，着实替他担心；随后就听见他的病势加重，连吃牛乳也会吐，医生给他打葡萄糖。孩子们从清华来，我总是问朱先生怎样了。据说他还是忙，还拖着病为开明编国文教本。下年要休假有一个长期的休息，或者会好些。六月间，他还主持一个研究生的初试，在陈寅恪先生家中举行。我同俞平伯先生都去的。我看他虽然瘦，精神似乎比前次好得多。事后，他与我握手道谢，想不到这回竟是我们最后一次的见面。

朱先生今年才五十一岁。他的死，无疑的是由于生活太苦，而工作太繁重，直接间接减损了他的天年。他患胃病二十年，在昆明七八年已经够苦了，回北平仍然是苦，而经常要上课、开会、演讲、写文章、接见学生，终日不得休息，怎么不会累坏了他呢？他生平为人方正严肃，言笑不苟，负责任，重然诺，是一个极有学养的人。人生不朽者有三，他的道德学问都是可以不朽的。我们由于研究的兴趣相同而成为文字的知己。回想往日谈艺之乐，而今不可复得。朱先生啊！我们的友谊以诗始，也应该以诗终。现在我写了一首诗来哭你，挂在你的灵前，不知道还能博得你的谬赏否？然而"匠石废斤于郢人，牙生辍琴于钟子"，写到这里，我再不能写下去了。

三十七年八月二十三日，写于北大宿舍，时朱先生火葬于北平广济寺下院之后十日。

// 不毁灭的背影

沈从文

　　"其为人也，温美如玉，外润而内贞。"

　　旧人称赞"君子"的话，用来形容一个现代人，或不免稍稍迂腐。因为现代是个粗犷、夸侈、褊私、疯狂的时代。艺术和人生，都必象征时代失去平衡的颠跛，方能吸引人视听。"君子"在这个时代稀有难得，也就像是不切现实。惟把这几句作为佩弦先生身后的题词，或许比起别的称赞更恰当具体。佩弦先生人如其文，可爱可敬处即在凡事平易而近人情，拙诚中有斌媚，外随和而内耿介，这种人格或性格的混和，在作人方面比文章还重要。经传中称的圣贤，应当是个什么样子，话很难说。但历史中所称许的纯粹君子，佩弦先生为人实已十分相近。

　　我认识佩弦先生和许多朋友一样，从读他的作品而起。

先是读他的抒情长诗《毁灭》,其次读叙事散文《背影》。随即因教现代文学,有机会作个进一步的读者。在诗歌散文方面,得把他的作品和俞平伯先生成就并提,作为比较讨论,使我明白代表五四初期两个北方作家:平伯先生如代表才华,佩弦先生实代表至性,在当时为同样有情感且善于处理表现情感。记得《毁灭》在《小说月报》发表时,一般读者反应,都觉得是新诗空前的力作,文学研究会同人也推许备至。惟从现代散文发展看全局,佩弦先生的叙事散文,能守住文学革命原则,文字明朗、素朴、亲切,且能把握住当时社会问题的一面,贡献特别大,影响特别深。从民九起,国家教育设计,即已承认中小学国文读本,必用现代语文作品。因此梁任公、陈独秀、胡适之、朱经农、陶孟和……诸先生在理论问题文中,占了教科书重要部门。然对于生命在发展成长的青年学生,情感方面的启发与教育,意义最深刻的,却应数冰心女士的散文,叶圣陶鲁迅先生的小说,丁西林先生的独幕剧,朱孟实先生的论文学与人生信札,和佩弦先生的叙事抒情散文。在文学运动理论上,近二十年来有不断的修正,语不离宗,"普及"和"通俗"目标实属问题核心。真能理解问题重要性,又能把握题旨,从作品上加以试验,证实,且得到有持久性成就的,少数作家中,佩弦先生的工作,可算得出类拔萃。求通俗与普及,国语文学文字理想的标准是经济、准确和明朗,佩弦先生都若在不甚费力情形中运用自如,而得到极佳成果。一个伟大作家最基本的表现力,是用那个经济、准确、明朗文字叙事，这也就恰是近三十年有创造欲，新作家待培养、待注意又照例疏忽的一点。正如作家的为人，伟大本与素朴不可分。一个作家的伟大处，"常人品性"比"英雄气质"实更重要。但是在一般人习惯前，却常常只注意到那个英雄气质而忽略了近乎人情的厚重质实品性。提到这一点时，更让我们想起"佩弦先生的死去，不仅在文学方面损失重大，在文学教育方面损失更为重大"；冯友兰先生在棺木前说的几句话，十分沉痛。因为冯先生明白"教育"与"文运"同样实离不了"人"，必以人为本。文运的开辟荒芜，少不了一二冲锋陷阵的斗士，扶育生长，即必需一大群有耐心和韧性的人来从事。文学教育则更需要能持久以恒兼容并包的人主持，才可望工作发扬光大。佩弦先生伟大得平凡，从教育看远景，是唯有这种平凡作成一道新旧的桥梁，才能影响深远的。

我认识佩弦先生本人时间较晚，还是民十九以后事。直到民二十三，才同在一个组织里编辑中小学教科书，隔二三天有机会在一处商量文字，斟酌取舍。又同为一副刊一月刊编委，每二星期必可集会一次，直到抗战为止。西南联大时代，虽同在一系八年，因家在乡下，除每星期上课有二三次碰头，反而不易见面。有关共事同处的愉快印象，照我私意说来，潘光旦、冯芝生、杨今甫、俞平伯四先生，必能有纪念文章写得更亲切感人。四位的叙述，都可作佩弦先生传记重要参考资料。我能说的印象，却将用本文起始十余字概括。

一个写小说的人，对人特别看重性格。外表轮廓线条与人不同处何在，并不重要。最可贵的是品性的本质，与心智的爱恶取舍方式。我觉得佩弦先生性格最特别处，是拙诚中的妩媚，即调和那点"外润而内贞"形成的趣味和爱好。他对事，对人，对文章，都有他自己意见，见得凡事和而不同，然而差别可能极小。他也有些小小弱点，即调和折衷性，用到文学方面时，比如说用到鉴赏批评方面，便永远具教学上的见解，少独具肯定性。用到古典研究方面，便缺少专断议论，无创见创获。即用到文学写作，作风亦不免容易凝固于一定风格上，三十年少变化，少新意。但这一切又似乎和他三十年主持文学教育有关。在清华、联大、"委员制"习惯下任事太久，对所主持的一部门事务，必调和折衷方能进行，因之对个人工作为损失，对公家贡献就更多。熟人记忆中如尚记得联大时代常有人因同开一课，各不相下，僵持如摆擂台局面，就必然会觉得佩弦先生的折衷无我处，如何难能可贵！又良好教师和文学批评家，有个根本不同点：批评家不妨处处有我；良好教师却要客观，要承认价值上的相对性，多元性。陈寅恪、刘叔雅先生的专门研究，和最新创作上的试验成就，佩弦先生都同样尊重，而又出于衷心。一个大学国文系主任，这种认识很显然是能将新旧连接文化活用引导所主持一部门工作，到一个更新发展趋势上的。中国各大学的国文系，若还需要办下去，佩弦先生这点精神，这点认识，实值得特别注意，且值得当成一个永久向前的方针！

凡讨论现代中国文学过去得失的，总感觉到有一点困难，即顾此失彼。时间虽仅短短三十年，材料已留下一大堆。民二十四年良友图书公司主持人赵家璧先生，印行新文学大系，欲克服这种困难和毛病，因商量南北熟人用分门负责制编选。或用团体作单位，或用类别作单位。最难选辑的是新诗。佩弦先生担任了这个工作，却又用的是那个客观而折衷的态度；不仅将各方面作品都注意到，即对于批评印象，也采用一个"新诗话"制度辑取了许多不同意见。因之成为谈新诗一本最合理想的参考读物，且足为新文学选本取法。

佩弦先生的《背影》，是近二十五年国内年青学生最熟习的作品。佩弦先生的土耳其式毡帽和灰棉袍，也是西南联大同人记忆最深刻的东西。但这两种东西必需加在一个瘦小横横的身架上，才见出分量———一种悲哀的分量！这个影子在我记忆中，是从二十三年在北平西斜街四十五号杨宅起始，到"八一三"共同逃难天津，又从长沙临时大学饭厅中，转到昆明青云街四眼井二号，北门街唐家花园清华宿舍一个统舱式楼上。到这时，佩弦先生身边还多了一件东西，即云南特制的硬质灰白羊毛毡（这东西和潘光旦先生鹿皮背甲，照老式制法上面还带点毛，冯友兰先生的黄布印八卦包袱，为本地孩子辟邪驱灾用的，可称联大三绝）。这毛毡是西南夷时代的毶氇，用来裹身，平时可避风雨，战时能防刀箭，下山时滚转而下还不至于刺伤四肢。昆明气候本来不太热太冷，用不着厚重被盖，佩弦先生不知从何时起床上却有了那么一片毛毡。因为他的病，有两回我去送他药，正值午睡方醒，却看到他从那片毛毡中挣扎而出，心中就觉得有种悲戚。想象他躺在硬板床上，用那片粗毛毡盖住胸腹午睡情形，一定更凄惨。那时节他即已常因胃病，不能饮食，但是家小还在成都，无人照顾，每天除了吃宿舍集团粗粝包饭，至多只能在床头前小小书桌上煮点牛奶吃吃。那间统舱式的旧楼房，一共住了八个单身教授，同是清华二十年同事老友，大家日子过得够寒伧，还是有说有笑，客人来时，间或还可享用点烟茶。但对于一个体力不济的病人，持久下去，消耗情形也就可想而知。房子还坍过一次墙，似在东边，佩弦先生幸好住在北端。

　　楼房对面是个小戏台，戏台已改作过道，过道顶上还有个小阁楼，住了美籍教授温特。阁楼梯子特别狭小曲折，上下都得一再翻转身体，大个子简直无希望上下。上面因陋就简，书籍、画片、收音机、话匣子，以及一些东南亚精巧工艺美术品，墙角梁柱凡可以搁东西处无不搁得满满的。屋顶窗外还特制个一尺宽五尺长木槽，种满了中西不同的草花。房中还有只好事喜弄的小花猫，各处跳跃，客人来时，尤其欢喜和客人戏闹。二丈见方的小阁楼，恰恰如一个中西文化美术动植物罐头，不仅可发现一民族一区域热情和梦想，痛苦或欢乐的式式样样，还可欣赏终日接受阳光生意盎然的花草，陶融于其中的一个老人，一只小猫。佩弦先生住处一面和温特教授小楼相对，另一面有两个窗口，又恰当去唐家花园拜墓看花行人道的斜坡，窗外有一簇绿荫荫的树木，和一点芭蕉一点细叶紫干竹子。有时还可看到斜坡边栏干砖柱上一盆云南大雪山种华美杜鹃和白山茶，花开得十分茂盛，寂静中微见凄凉，雨来时风起处一定能送到房中一点簌簌声和淡淡清远香味。

那座戏楼，那个花园，在民初元恰是三十岁即开府西南，统领群雄，反对帝制，五省盟主唐继尧将军的私产。蔡松坡、梁任公，均曾下榻其中。迎宾招贤，举觞称寿，以及酒后歌余，月下花前散步赋诗，东大陆主人的豪情胜概，历史上动人情景，犹恍惚如在目前。然前后不过十余年，主要建筑即早已赁作美领事馆办公处，终日只闻打字机和无线电收音机声音。戏楼正厅及两厢，竟成为数十单身流亡教授暂时的栖身处，池子中一张长旧餐桌上放了几份报，一个不美观破花瓶，破烂萧条恰像是一个旧戏院的后台。戏台阁楼还放下那么一个"鸡尾"式文化罐头。花园中虽经常尚有一二十老花匠照料，把园中花木收拾得很好，花园中一所房子中，小主人间或还在搁有印缅总督，边疆土司，及当时权要所送的象牙铜玉祝寿礼物堆积客厅中，款待客人，举行小规模酒宴舞会，有乐声歌声和行酒欢呼笑语声从楼窗溢出，打破长年的寂静。每逢云南起义日，且照例开放墓园，供市民参观拜谒。凡此都不免更使人感到"一切无常，一切也就是真正历史"。这历史，照例虽存在却不曾保留下来，保留下来的倒常常是"不见马家宅，今作奉诚园"诗人黍离的感慨！就在那么一种情形下，《毁灭》与《背影》作者，站在住处窗口边，没有散文没有诗，默默的过了六年。这种午睡刚醒或黄昏前后镶嵌到绿荫荫窗口边憔悴清瘦的影子，在同住七个老同事记忆中，一定终生不易消失。

在那个住处窗口边，佩弦先生可能会想到传道书所谓"一切虚空"。也可能体味到庄子名言："大块赋我以形，劳我以生，佚我以老，息我以死。"因为从所知道的朋友说来，他实在太累了，体力到那个时候，即已消耗得差不多了。佩弦先生本来还并未老，精神上近年来且表现得十分年青。但是在公家职务上，和家庭担负上，始终劳而不佚，得不到一点应有的从容，就因劳而病死了。

广济寺下院砖塔顶扬起的青烟，这两天可能已经熄灭了。能毁灭的已完全毁灭。但是佩弦先生的人与文，却必然活到许多人生命中，比云南唐府那座用大理石砌就的大坟还坚实永久。

八月十九日西郊

选自《新路周刊》一九四八年八月二十八日第一卷第十六期

// 自清先生在昆明的一段日子

刘北汜

　　"朱自清先生是位朴素的人。"当我和他在一起或是听到别人谈起他的时候，大家总有这种印象。如今朱先生死了，一想到他，这印象就分外浓厚。

　　他的朴素，可以从他抗战初期住在昆明的一段日子得到说明。那期间，他住在昆明东郊廿里外的乡下，地名麦地村，清华大学文科研究所就设在那里，他也就住在所中。最初和他住在一起的除掉几个研究生外，还有属于清华大学中国文学系的教授群：闻一多、浦江清、魏建功、余冠英等。房子并不好，有一个小小的天井，二层楼上还可以晒到阳光，底层就很阴沉了，然而地方安静，确是读书的好地方，在抗战期间已属不易得了。为了同样的理由，北大文科研究所也在距在麦地村不到一里的龙头村建了临时所址，北平图书馆和由徐炳昶主持的北平研究院、历史研究所都在龙头村附近的村子里立了脚，西南联大（南开、北大、清华三大学合并而成）的教授们如政治系的钱端升和中国文学系的陈梦家等也都把家搬到龙头村去。人一多，环境又安静，学术空气一时是很浓厚的。不幸地方距昆明较远，交通不便，又没有公共汽车，往返时常须走两小时多，这就使不得不赶到昆明城里去教书的教授们感到痛苦了。朱自清先生那时在西南联大担任着功课，每周要进城，为着避免往返跋涉，他把自己授的功课排在每周的前三天或后三天，这样便可以三天住在昆明，另外四天住在乡下，在生活上算是有了较好的安排。他的身体那时已很不好，体重总在减少，体力也大不如先前。这在他自己是清楚的，但既没有钱保养身体，他便把那个乡下视为难得的休养处所了。实际上，那时期昆明的教授群都贫苦的，吃的是红糙的公米，所享受的是最清苦的待遇，抱怨之声是很多的。但是，在朱先生却绝少抱怨之声。他只是在默默中工作。他经常收集着资料，把它们写在卡片上，自己存放起来。他忙着为学生们评阅诗或其他方面的创作，同时又不忘阅读国内诗人们的新作，虽然他自己已不写诗了，他却关心着中国新诗的前途。这时，他陆续写下了不少新诗杂话，把力量放在诗的评介上。这工作原是不易讨好的，但他有辉煌的成就，他的每一篇杂话都是有分量的。他对语文方面的研究工作这时也毫没有放松，偶有所感，总是写了下来，而内容绝不平凡。

他在麦地村住了两年左右。在廿九年夏天趁休假之便，他到了成都探望妻子。从成都回昆明后，因为麦地村和昆明间的交通太不便了，当闻一多搬到城里后，他也就搬进昆明城内北门街的清华宿舍去。这使他的生活起了变化，因为更靠近了学生。那时期昆明学生的求知欲很强，他深受感动，许多学生的集会里便都有了他的踪迹。他有的是敏锐的感受，他逐渐和学生们接近，和更多的人接近，他原有的中国知识分子的那一份保守性格终于是被他眼前那个大时代所激动，完全变样了。他有一支有力的笔，他清楚在这样的时代里作为一个知识分子的任务，他于是在文字上和在各种场合的演讲里都对眼前的现实做了有力的控诉。

这样的斗士是太少了，不幸他更无法克服经济上和身体上的难关。冬天了，教授级的微薄的薪水仍不过使他仅能糊口而已，他可连一件大衣也买不起，只能买一件云南赶马人用的白毡披风抵御风寒。这在一般稍稍"过得去"的人是不肯穿的，他可穿用得非常自然，走起路来仍然极快，不因为他矮瘦身体上有了一份沉重的负担而有所不同。

他身体弱，但他却有克服这种弱点的自信力。他过着极有规律的生活。他每天起身很早，照例要散一会步，然后再按定时用饭。他的屋子总是布置得井井有条，绝不紊乱，衣服哪怕是战前的旧西服，也总是烫得挺挺的，黑皮鞋和放讲义稿的黑皮包也总是擦得很亮。他走起路来，步伐则总是坚定的，上体会挺得很直，显得很端重，很少东张西望的时候；遇到熟人，总是人到了他面前时他才会慢吞吞的招呼一声。他有一副宽阔的前额，面孔上常常带有淡淡的笑容，眼光慈和而坚毅，总是透过黑边眼镜看向一切和他面对着的人，使不论熟人或陌生者都感受到一种亲切。

我第一次听到朱先生在公开场合讲话，是在廿九年的夏天，他去成都之前，在一次茶会上。那时候我刚考进西南联大中国文学系。当时的系主任是罗常培（莘田），闻一多、朱自清、李广田、沈从文、杨振声等都在系里任职。在入学之后，系里会发给每一个新生一份表格，调查他们的兴趣和家庭情况。我在"课外爱读书籍"项下填的是"爱读新文艺作品，讨厌旧文学。"不料这一条引起了罗常培先生的不满，在系里举行的迎新茶会上，他站起来说："有一个学生（未提到我的名字，只提了学号）的思想需要纠正。他说他讨厌古文学，这是不成的，中国文学系就是研读古文的系，爱新文艺的就不要读中国文学系！"他很激动，我呢，觉得受了指责，是惹了祸，一时是很狼狈。没有想到的是，朱自清先生和杨振声先生都立即站起来为我说了话。他们的意见相近，都以为中国文学系应着重研究白话文。朱先生当时很愤激的说："我们不能认为学生爱好新文艺是要不得的事。我认为这是好现象，我们应该指导学生向学习白话文的路上走。这应是中文系的主要道路。研读古文只不过便利学生发掘古代文化遗产，不能当作中文系唯一的目标！"茶会成了辩论会，朱、杨两先生那种认真的态度也就一直在留在我的脑中，成为历久弥新的印象。罗先生原是北大中文系主任，三校合为联大后，转而主持联大的中文系。这一系，因为汇合了三校人才，教授阵容整齐，学生是颇多的，但这样的辩论却很少有。后来杨振声先生还在桂林出版的《国文月刊》上写了他对中文系的意见，朱先生也好像有关于中文系的意见发表。三十五年暑假后，朱先生离开昆明飞往北平，代替被刺死的闻一多先生主持清华大学的中文系，想到他的抱负可以从此展开，白话文运动在清华将因朱先生主持中文系而获得更大的发展时，我是欣慰的，虽然那时我已来到上海，再也无法亲聆朱先生的教益，却也不时从留在清华的同学的信里获知朱先生的消息。

闻一多先生遇了难，朱自清先生死于贫病，如今留在清华大学的朱先生的朋友只有李广田等少数人了。中国文坛这块荒地需要有人开拓耕耘，失去了朱先生这样的斗士，不能不令人伤心。

八月廿四日在上海

选自《文讯》一九四八年第三期

// 忆佩弦

罗常培

去年八月十二日，我刚在上海登岸，仲瑜（陈政）就告诉我："佩弦昨天死了！"当时好像晴天霹雳一般，不由得愣住了！这真是我回国后第一个不幸的消息！

我和佩弦在北大同学的时候并不太熟，起初只在马神庙一带看见一位短小精干，目光炯炯，春秋喜欢穿紫呢夹袍的少年，后来才知道他就是朱自清。十九、二十两年我俩在清华中文系同过两年事，彼此才算熟识了。记得我每次下课后，很少到教员休息室，经常是到图书馆地下室的中文系办公室找他聊天，一则因为他蔼然可亲的风度吸引着我；再则因为那间屋里插架都是有关新文艺的书报杂志，也很掀动我的兴趣。

佩弦搜集这些新文艺的书报杂志，不单由于自己的爱好，而且足以表现他敬事负责的态度。那时他正担任一门"新文艺思潮"的功课。这在有些不大负责的教师，只要找几本"关于书的书"，捃扯饾饤，东拼西凑，就可以到班上对学生吹牛了。然而佩弦却绝不出此。他几乎每章每节都是从直接材料里抽出意见，然后再用批判的精神组织成的。他这一部书虽没写成，可是我这次打开沦陷北平十二年的书箱却侥幸保存了一份纲要，纵然只是一鳞一爪，而故人的遗风余韵竟稍赖以保存。

佩弦治学的精神，一向是实事求是，"敏而好学，不耻下问"的。他的本行是哲学，但因天才、素养、勤学好问和忠于职业的关系，二十几年来，不单把他造就成独具风格的散文家，专以旧诗而论，他的宋诗也可算是升堂入室了。文学以外，他的求知欲也很浓厚，一事不知马上登记在小本儿或卡片上，逢人便问，绝没有强不知以为知的态度。这种谦谦君子的作风真是难得可贵。

抗日期间，从衡岳而蒙自，而昆明，我们又在西南联大同了七年的事。这七年患难的经历格外增进了我俩的友谊。他一向秉着温柔敦厚的诗人性格，从来不闹宗派，出风头，争名位，摆架子。我和一多都是直性人，遇有公事上的争执，佩弦总拿他的诗人性格来调融其间。所以西南联大的中文系虽由三校组成，人数又较多，可是七年中间大家却始终本着互让互谅的精神，团结成一个整体，以共谋系务的发展。事过追忆，不禁让我缅怀故人！

过去四年间，我不在国内，同佩弦也不断有书札往还。自从一多被民贼戕害后，他的思想越发前进了。当时流行他的名言有"向青年学习，同时代看齐"两句。我乍一听起来，颇不以上半段为然。因为我那时心目中所谓学习，只执着在"业务"一方面。一年来的改进，使我深切体验到这两句话的意味，可惜佩弦骨灰已寒，已经来不及向他商讨了！

去年八月二十五日北平教育界同人在清华园给佩弦举行追悼会，在场的人多半眼泪不干。我被推勉强讲了几句话，竟至泣不成声，不能毕其词！今年北平解放后，圣陶、西谛诸友来到北平，故人欢聚之余，一想到他，举座立时黯然，圣陶竟至号啕不止！佩弦——你何尝死呢？你的影子将永远在我们这一班故人和崇爱你的青年们的记忆中！

选自《进步》一九四九年八月十二日

// 记朱佩弦先生

李广田

　　第一次看见朱先生大约在民国二十年左右，朱先生在清华大学教书，北京大学中文学会请他去演讲，只记得在北大红楼下西端的大教室里挤满了人，主持开会的是中文系主任马幼渔先生，朱先生的讲题是"陶渊明"。那时候我在北大预科读书，对于听名人讲演之类的事似乎并不热心，而一定要挤着拥着地去听朱先生演讲，还是由于读过朱先生的作品，尤其是《背影》。朱先生到底讲了些甚么已无从记忆，却只留下一个印象：朱先生是白白的，胖胖的，穿着长衫，意态非常潇洒。

　　真正和朱先生相识是在三十年夏天，朱先生休假期满，由成都回昆明西南联大，路过川南的叙永。相隔十年，朱先生完全变了，穿短服，显得有些消瘦，大约已患胃病，特别引起我注意的是他的灰白头发和长眉毛，我很少见过别人有这么长眉毛的，当时还以为这是一种长寿的征象。为了等车，他在叙永住了不少日子，我们见过几次，都谈的很愉快，主要的是谈到抗战文艺，尤其是抗战诗，这引起他写《新诗杂话》的兴致。在三十三年所写的《新诗杂话》自序中，他曾经提到这件事。

三十年年底，我也到了昆明西南联大，到达后在街上遇到的第一个熟人，就是朱先生，但这一次我却几乎不认识他了，因为他穿了一件赶马的人所穿的毡斗篷，样子太别致，我看到街上有好多人都注意，他却昂首阔步，另有意趣。这以后，有时在上课时相遇，有时听他的演讲，有时到住处去访他，他虽然事情忙，有胃病，但每次去看他，他总是很爱说话，总愿意多谈些时候，他总说这样的机会很难得。时间长了，对于朱先生也了解的多些了：他对人极重礼貌，性情非常温和，治学认真而虚心，谈吐间有一种很好的风趣。"即之也温"，这是任何人都感觉得到的，也正是人人愿意和他接近的原因，然而朱先生自己，据说是嫌自己过于温和或弛缓，于是取字"佩弦"，意思是愿意自己像弓弦一般，要更紧张一点儿才好。

昆明五年，大家都生活在穷与忙中，而朱先生还加上病的折磨，当时政治情形又太恶劣，使人们苦痛而难耐，所以大家见面闲谈的机会并不多。复员以后第一年我在天津，第二年到清华中文系教书，朱先生在中文系办公，读书，写文章，我的研究室就在中文系办公室的隔壁，差不多天天可以见面。我是不会吸烟的，不知道朱先生是根本不知道呢，还是一时忘记，也许因他需要吸烟需要得太迫切了，有一次，他刚刚下课，两手上满是白粉，急急匆匆他跑进我的房间，说道："对不起，有烟没有？"我说"没有"，他笑笑走了；又一次，也是刚下课，气喘嘘嘘地，手里夹着一支烟又闯了进来，说道："对不起，有火没有？"我说"没有"；过了几天又来了，这一次一进门就好像已经省悟，自己笑着说："对不起，原来你是不吸烟的！"一而再，再而三，反倒弄得我不安了，我想：假如我也吸烟就好了；不然，我也可以放一些烟，或一盒洋火在房间里。但从此以后，朱先生就不再来讨借烟火了。这一年来我们可以说是并肩作战，尤其令人难忘的，是每当朱先生有新作脱稿，一定叫我先睹为快，看过了，他还一定要我说出一些意见，他是很看重别人的意见的。我自己的文章在未发表前本不愿给别人看的，尤其不肯叫朱先生看，因为怕耽误他的时间，然而朱先生却不放松，他知道我在写文章，不等写完，他就说"写完了让我看看"。他看过了，也一定说出一些意见，而且他看得特别仔细，错字、错标点，他都指出来，用铅笔在原稿上作了记号。他这种坦白认真的精神，往往令人惭愧自己不够坦白，更不够认真。他这种精神在许多小事上都表现出来，譬如他出入都是随手闭门的，如果你到他房间去而忘记闭门，他就马上替你闭起来，如果你随意丢到地上一块纸屑，他就马上替你拾起来，这类事情虽然有时令人难堪，但朱先生却作得很自然。有一个学生复学回校，见了朱先生就打招呼，大概朱先生记不清他的名字了，等那学生走去了之后，他又忽然喊那学生的名字，那学生回转来问朱先生有甚么事，他说："对不起，没有事，我是要试试你的名字对不对。"朱先生平时对人说"谢谢"或说"对不起"的时候很多，有时也叫人觉得好笑，然而他自己也是非常认真，非常自然的。小事如此，大事更是如此。他既令人感到亲切，又叫人感到可畏。他正是这样一个人。

朱先生对自己的子女，也像对自己的朋友或学生一样，是既客气而又严肃的，听说他的孩子们替他作了事，他也同样说声"谢谢"。但我又亲眼看见，他对他们绝不放纵一点儿，即便是在许多客人面前，也难免使自己小儿女不愉快。他的子女们对人最有礼貌，大概也由于朱先生的教训。但他对于儿女的发展却是极端开明的。偶然翻开《背影》，重读其中的《儿女》一篇，令人非常感动。他在这篇文字里一再地向儿女表示歉意，因为他待他们太严厉了，他立志要"给他们些力量"，而他对于子女的成就却说："只要不比自己坏就行，像不像自己倒是不在乎的。职业，人生观等，还是由他们自己去定的好，自己顶可贵，只要指导、帮助他们去发展自己，便是极贤明的办法。"在外人想，教授、学者、文学家的儿女，也应当缘着教授、学者、文学家的道路发展，然而事实并不如此，朱先生的两个大儿子就各自作着另外不同的事业，这其中也许还有其他原因，但他总没有强迫他们"类我类我"。与此相同，他对学生们的选习功课，或致力于某种学问，甚至他对于别人作品的看法以及他的文学批评，也大率如此。

就我个人说，自从教书以来，我觉得这一年是我最愉快的一年。这情形并不完全基于朱先生对人态度和我们之间的个人情谊，而在于一些共同的理想。首先是关于大学中文系的，朱先生主张新旧并重，中外汇通，既注意文学史和文学批评的研究，也注重创作和翻译，在开设课程上，以及平日指示学生各方面，都朝着这个方向，希望能造成一种风气。而另一个理想则为中国文学系和外国语文学系的合并，详切的说明见于他替闻一多先生联缀成篇的《调整大学文学院中国文学外国语文学二系机构刍议》，和他自己的《关于大学中国文学系的两个意见》（《国文月刊》第六十三期）。这些意见，和他对于文学的意见，文化的意见，甚至于具体的政治意见，都是一脉相通的。他总在不断的进步中，他的总的方向是朝向集体，朝向民主，朝向人民的，他终于养成了群众的观点，因此，他近来对于青年以及青年运动的态度简直到了令人感动的程度。前些年，他还极力肯定中年人的稳健，以为中年人的稳健适可以调协青年的急进，近年来却完全肯定了青年人的识见与勇毅，更进而肯定了青年的气节，也就是一种新的做人的标准。因此他确在向青年人学习，虽然一直在病中，他也总要出席各种大会，在集体的讨论上他一面虚心地听取别人的意见，一面谨慎地提出自己的意见。曾经有一个青年人写过一篇文章，说朱先生被青年人拉着向前走，他看过之后不但自己承认，而且盛赞那篇文章写的很好。但当香港出版的《文艺的新方向》上提到他近年来的进步，并引证了他的文章作为例证时，他却非常不安，曾经对我说道，"这叫我们很为难"，意思是自己不敢当。当青年运动达到最高潮，眼看要发生危险的时候，我的矛盾心理往往使我痛苦，我最担心青年人遭受牺牲，我总不忘记"一二·一"惨案，而朱先生却往往说"该作的事情总要有人作"，他并不显出紧张，只是那憔悴的脸孔上有些凄然。

朱先生的变化以复员以来的两年为最显著。闻一多先生的被害，闻先生遗著的编辑，在清华园的小环境内以及对于整个时代所应有的责任感之逐渐觉醒，都是造成朱先生的积极生活态度的因素，而时势之日非当然是更重大的因素。这两年来他总在努力工作。他作过多少次公开讲演，写作各方面的文章。三十六年十二月，他在《标准与尺度》的自序中说：

复员以来，事情忙了，心情也变了，我得多写些，写得快些，容易懂些。……经过这一年来的训练，我的笔也许放开了些。不久以前一位青年向我说，他觉得我的文章还是简省字句，不过不难懂。训练大概是有效验的。

就在这短短的说明里，也充分地表现了朱先生的工作态度和工作热诚。从今年春天开始，他又为开明书店编高中语体文读本。他教过几年中学，对于中学国文教材教法一直关心，他在大学里为中文系四年级开过中学语文教学研究的课程，他写了很多论中学国文教学的文章，后来与叶圣陶先生的文章合编为《国文教学》一书，他还和叶先生合著了《精读指导举隅》和《略读指导举隅》，他对于中学国文教学有自己的看法，有自己的理想。他编语体的高中国文教本，也该为了实现他的理想。这是一个长期而沉重的工作，因为病，他本来想放下这工作的，然而不等他编完第二册（一共六册），他就先放弃了生命！

这半年来，他的身体实在坏得不像样，胃病一再发作，几次倒下又起来，这以后每次出门总见他扶一根手杖。大家都替他担心，劝他休息，这回他却真地休息了，永久不再起来！在北大医院动手术之后的第二天我去看他，他本来是睡着的，却忽然醒了，醒来后两眼里充满了泪水，我不敢惊扰他，但心里却激动得厉害，我一句话也说不出。他问到大学里阅新生试卷的事，他还关心到他应当负责的研究生试卷。他见我无话可说，就说："请回去吧，谢谢。"这就是我和朱先生的最后一面。

八月十三日，朱先生逝世的第二日，冒着雨，我们把朱先生的遗体送到西郊广济寺，举行火葬。转回清华，我陪同朱先生的两个男孩子——乔森和思俞——回到朱先生的寓所。一进门，看见朱先生的草帽和手杖还挂在过道的墙上，就仿佛朱先生已经先我们而归来，正在书房里等我们似的。由于乔森的指点，在书房的抽屉里发现朱先生一篇未完的稿子，题目是《论白话》，才写成两千余字，大意是要说明白话文是需要白话化或口语化的，看文思，不过刚写到一半。在一只竹篓里，发现一包捆扎得很整齐的书，上面有朱先生的题字："自存本著作十四本，缺《雪朝》和《语文影》。"书架上的书都非常整齐，其中有一栏，大约有二三十本，完全是别的作家送他的书。在写字台的玻璃下面，是朱先生手录的近人诗两句："但得夕阳无限好，何须惆怅近黄昏。"

离开书房，走出大门，心里沉重，脚步迟缓，在片刻的徘徊回顾中，听飒飒的风声，从一片玉蜀黍的叶梢上传来。平日到朱先生门前，简直不曾注意到这一片小小的园圃，今天才发见这一地花花草草：有开花的，有结实的，五颜六色，正当盛时。它们仿佛根本不知道它们的主人已经再也不回来，再也不管它们，再也不看它们一眼了。

一九四八，八，二四，清华园。

选自《中建》（北平版）一九四八年九月第一卷第四期

// 寄给爸爸

朱采芷

　　没有一句话，没写一个字，您竟悄然地和我们永别了。留下了您的爱，长挂在我的心头。

　　二十二年前，在我的记忆中，开始有了您的影子。那时只有哥哥和我及转妹闰弟，您难得在家，但是每次为避兵灾（内乱）逃难时，母亲却总是说："你们当心点，这是爸爸的书，我要将他带走的！"于是，我们只能想："爸爸最爱书！"六岁时您带我们一家到了北平，从此，我们就生活在这您最喜爱的地方——清华园里了。年纪小，不懂事，不知您整天伏在桌子上写什么，心里一直拿闷儿，但日子一久，也就习惯了。到长大以后，才知道那正是您以身体所付的一生治学的代价！

　　对我们孩子，您严格，但亲切。记得有一次您一大早为了送我上学，和洋车夫吵了起来，后来竟被拉到警察那里去了。我没写信给您，您却写信安慰了我一番。虽然，您对我们却又极开明。您很少当面说我们，而常由别的事婉转的来提醒我们，或用真理来启示我们。

抗战后，我们一家人迁到了昆明，生活比在清华园里苦多了，您的身体也更差了。因为昆明生活日高，不得已又全家迁往四川。路费不够，记得最后是您以三百元的代价将您的那只从英国带到北平，又从北平带到昆明的留声机和两本音乐唱片给卖了。我知道那只留声机在平常您是极喜爱，极细心保护，就是连我们也是不轻易能够动的，终于，为了生活，您卖去了。这一点作为欣赏的奢侈品，也被生活的担子给剥夺了。我相信您心里一定是很惋惜，可是后来您却从未再提过一次。

除了病，您真难得休息，总是夜里十二点睡，早晨六点半起身。整天伏在桌子上写、读。我印象顶深的，就是您因想在休假时（民国三十年）到日本去而学日文，您不但从百忙中去旁听日文课，而且在家里还极用心的硬读、死读，每日必读，从不间断。就好像您的做晨操，三十年如一日，从未因任何阻碍而间断过一样。

真挚、公正、谨严、亲切，不多说话，为学术埋头苦干，专心研究。因此曾经有人以为您不够坚强，没有进步。我却知道战争连年中在大后方您曾亲眼看见有些人因出卖了自己的良心而得到了荣华富贵，多少人因坚守着自己的岗位而被贫病迫了下去！多少人迫着青年走向歧途！您是个极富正义感的人，对这，您愤恨，但您忍了下去。您还希望也许有一天这情形会好转过来。可是，就在胜利复员的那年，您的多年好友闻一多先生因忍不住将心中的不平喊了出来，而在光天化日之下遭了最恶毒的人的杀害。忍不住了，您实在忍不住了，这是一个什么世界！为什么好人全被迫害而那些恶毒的人却能容身呢？于是，您开始向那些不合理的事实反攻了。您尽量的用全身精力去坚实自己。您更怕您老了，所以您又重新开始向年青人去学习，但作为这些支柱的——您的身体——却更是病弱了。

今年春天，您的来信说您病了廿一天，但已在渐渐复原了，还寄了张照片来。我们心里正在高兴，但接着您又病了九天，病中没有信，病好后却亲自写信告诉我们。我相信那时您一定仍很软弱，但怕我们着急、耽心，所以特地用亲笔信来安慰我们。但事实上母亲说，您这半年来一直是在病中。您不肯把事情告诉我们，怕我们会赶到北平去看您，因而又花去一笔旅费。

您为了爱护，体恤我们，却使我们没赶上在最后时向您道别，而造成了我们终身的遗憾！

您买了许多参考书，您想用晚年改变后的新思想新观点（平民大众化的看法）写出一本《中国文学史》，一本《中国文学批评史》。大纲粗拟，您却撒手去了。我知道您一定是极不甘心的。说是您自己不愿注意身体，不愿疗养，毋宁说是这个国家的人不允许您这样做，因为他们不给您合理的生活。是的，您是他们迫害死的！

每当我重新读着您的书，您写给我们的信时，您那真挚、亲切的眼睛和声音似仍在我的眼前，我的耳旁，安慰、鼓励着我。您的遗体虽已火化成灰，但您的遗教遗爱，却永远活在我们的心里，永远在给我们指示着方向！

作于父亲逝世二十天后

选自《文潮月刊》一九四八年十月一日第五卷第六期

// 我所知道的沈从文先生

一　凌

　　凡是关心近二十几年来的新文学发展，和当代文坛情形的人，大致皆不应该忘记沈从文先生。五四以来的文学作家，一直没有放下那支笔，不停地在写，在创作的，到今天我们细数起来，人数并不怎么多。这三十年还不到的时间，其中当年替中国新文艺开创道路的人，故去的故去，做官的做官，改行的改行，令人回想起来，不胜落寞之感。后来的作家，也一批一批地走进这文坛来，多数的却过客一般地在这儿歇一歇脚，不久就又走向世界的另一角落，连消息也少给我们一个。而沈从文先生却是有限的始终没有离开我们读者的作家之一。假若提起沈从文这名字，对我们读者有多少亲切之感时，这事就得承认是极其自然的了。

　　使我们亲切的还有他的文章。在当代作家中，创作力那么丰富的，沈先生是难得的一位。他写过的书确实的数目我不知道，大致至少是在四十本以上。平均起来，差不多每一年他要有两本左右的书放在我们读者面前。因此他被人称为"多产作家"！

"多产"的另一意义可能是"贫血"，然而在沈先生的作品中我们得放弃这种疑虑，他写得多，但在态度上，从来未曾放弃过那一贯的谨严。多少作家是毁在这个"名"上，有了名，他们所给予读者的就仅仅是一个空洞的名字，而不是作品了。沈先生虽然是成名很早，可是他有许多成功的作品却是在那以后又写出来的，成名并没有妨害了他的成功。所以我们在他的作品中，找不出粗制滥造的痕迹。他虽然多产，却写得并不快，就因为他的写作态度那么认真，留心每一句话每一个字在读者方面所产生的力量，所以不肯偷懒，或者取巧。就是已经写好已经印刷完成的书，到了他自己手中，也往往涂改了又涂改，有的且涂改的不止一次。凡是向沈先生借过他自己写的书的人都必有这么一个印象。间或我们也看到他批注着谋篇写得不满意，将来还待重写的话。他替别人修改文章，也是那么一丝不苟，有时候甚至比作者自己更要细心。因此逼得那些人第二次把文章交给他的时候，先得经过多少斟酌。这是写作态度方面，实在给人一种比别的方式更有力量的影响。

他是一个文体作家，或者风格作家（Stylist）。他为自己的文章造成一种时有的为读者所熟悉的作风。我们读他的文章，浸润在一种深厚的亲切的情感里面，嗅到一种朴素温馨的气息。他写的是小说，然而在小说中散布一种散文成分，或者

诗的成分。比如他那本出名的《边城》（已有英译本）在体裁
上属于小说，在字数上只可算是一个紧凑的中篇，然而我们看
这本书所感受的实在是一首浑厚的富有原始牧歌情调的诗。无
形中似乎有一种极自然的旋律和节奏，使我们如在读诗，如在
体会诗。论故事本极简单：一个老水手和他的孤生孙女，怎样
在生命里安排自己。而那渡船，那只黄狗，那河水，那名为翠
翠的小女孩子，那老人，那些质朴的乡下人，都叫我们有一种
不可言说的喜悦，且带一点幻想的成分。沈先生自己说他的写
作和那条长长的时常笼罩在朦胧中的沅水有密切的关系，因此
在文章上也不自觉的带了一点忧郁。这忧郁在他的作品中却不
曾损害了那优美。或者我们竟可说，因为这种忧郁的点染，使
他文章的气氛更其深厚。

　　在沈先生笔下，那些人物，那些灵魂，对我们都是那么
熟识，那么使人欢喜，即使是一个在大家看来应当归入坏人那
一流的典型，在他性格上或生命上也必有一些可爱和可同情的
地方。沈先生是用一种悲悯的心情来刻划人性向善的一方面。
他所选取的题材大致可说有两种，第一是知识分子小绅士阶级
的生活，第二是以他的故乡湘西为背景的风土人情故事。前者
因为他接触的这一类人多，自然熟悉他们的生活，后者因为是
他土生土长的家乡系住了他的温爱和梦想。他自己似乎更其注
意后者。湘西是多山的地方，却有那支沅水曲曲的流着，如一
条长蛇。因此在人性上有山地居民的浑厚倔强，加上水边人的
智慧。还有那些深居山中的苗人。生活和情感都单纯醇厚得近

乎天真。凡是到过湘西的人，都必有这么一个感觉：沈先生无时不在想把他那个可爱的家乡，介绍给我们。那江上的烟雾、船上的水手、河边的长街，以及靠水的小城、白塔小城中傍晚的军号声音，长眉的妇女，成园成林的橘子，赛龙舟的年青小伙都深深地保留在我们记忆中间，不会忘记的。

据我所知，他打算以沅水流域的城市做中心，写十本书。我们已经有了《边城》，有了《小砦》，有了《湘行散记》，有了《长河》。我们对他还有更多的期待。

论文章的技巧，他被认为是一位最讲究这个的作家。文字在他手里变为一种符咒，他运用得那么聪明，选择得那么大胆，使他产生一种魔力，凡日常的成语，旧小说中的或翻译作品中的语汇，和经他自己创造的词句，全安排得如此的妥适如此的恰到好处。假如我们还承认一个作家有权利也有这义务来注意他文章的表现的技巧，那么我们就得说这是他的长处了。

现在，我想再谈谈他这个"人"。

关于沈先生的身世，他自己和别人，片断的记述已经不少。从而我们知道最初他曾经做过"军人"，他自己也曾说过他平生最尊重农夫和军人。所以没有见过沈先生的读者，必想象他是一个壮大的汉子，是粗线条的人物。其实这想法我们得完全放弃。因为当你和这个人对面的时候，你会觉得那种温文儒雅的风度，实在和我们所想象的军人气质，绝无一点相合的地方。中等身材清瘦的体质，近视眼镜，处处表示这是一个文人，放在大学讲堂里，是一位典型的教授，放在战场上叫他去指挥杀人却使我们觉得不大适宜。有一件事很有趣：我们似乎没有看他穿过短衣服，他永远是一件棉袍或者长衫。

他的创作事业，得到胡适之先生和已故的徐志摩先生的鼓励者甚多，尤其是徐志摩，至今令他不能忘记。

战前，他在上海公学和青岛大学都教过书，但大部分时间却住在北平写文章。也有时候办刊物。抗战这八年中间，他差不多完全是住在昆明，一方面在联大教书。他在中文系开的课有中国小说史、现代文学、各体文习作等，尤其对于小说史一课，他似乎用力最勤，也很有创获。我相信不久我们可以读到他在学术研究方面的作品，除了他的小说以外。

大家都知道沈先生写小说，却不知他的兴致极广。经史等书，他涉览的极多。也读道藏，读佛典，有时甚至会影响他的作品，成为他的取材，比如《月下小景》这本书就是一个例子。那么沈先生在运用文字方面的娴熟，也就不足怪了。此外他也玩金石，收集小古董之类，特别喜欢书画，而且精于鉴赏，因此在他的朋友中间，除了军人和作家以外，画家也颇不少。而且沈先生本人也就是一个书法家，和他相熟的人，都必不放过这个机会，求他写一幅草草的屏联。上面的落款除了"沈从文"三个字以外，有时也用上官碧（时或且作上官紫）这个笔名。由此我又连带想及一件事情，我们平常以为沈先生只说小说不大谈诗，其实沈先生不但"懂"诗而且"写"过一些诗，是用上官碧这个笔名发表的。不过他很谦虚，不大和人论诗，就是在他集子里，似乎也未曾把这些诗收进去。如果有一天沈先生的诗集印出来，也许有人会惊异的。

沈先生为人也和他的作品一样认真，一样亲切。他总是用朋友的感情和青年朋友相处。他自己称为一个好管闲事的人，其实他所管的闲事，就是喜欢帮别人的忙。他的工作是繁重的，除了编讲义、改作品（各体文习作一课是要缴文章的），还要抽闲写文章，常常因此弄得流鼻血，可是他对于差不多成天不绝的访客的接待，依然那么热诚，没有倦容。见着年青朋友，他就劝你看书，从书架上把书拿下来借给你，叫下次见面时看完了还给他。你想想借书的人怎么好意思偷懒！

沈先生是一个喜欢接交朋友的人，沈太太也是一个好客的主妇，加上那两个活泼的小弟弟，这是一个美满的小家庭。据说沈太太是沈先生的学生，他们的姻缘是一段美丽的故事。沈太太是一位贤淑的夫人，沈先生称得是一位好丈夫，因此在家庭中充满了和谐快乐与艺术的生活趣味。认识他们的人没有不羡慕这生活的。沈太太同时是一位作家，巴金先生编的文学丛刊里有一个集子，《湖畔》，用的是"叔文"这个笔名。

他那两个男孩子，大的叫龙朱，小的叫虎雏，这是沈先生作品中两个主人翁的名字。平常喊为小龙小虎。两人的容貌、个性虽不尽相同，却是一样的聪，一样的可爱。最近开明书店印行的沈先生的书，封面上的题字和画图就是小龙和小虎合作的。从那上面我们也就可以看出这两个小弟弟的天分，和做父亲的对他们的喜爱了。沈先生是湖南人，说话时带湖南乡音极重，沈太太则是一口安徽口音，可是小龙和小虎却是讲得

道地的北平话。一家四口人使用三种不同方言，也是一件有趣
事情。

在抗战这几年中，沈先生也和其他教授一样，生活过的
相当清苦。书店里的版税虽然照例还可以拿，但那数目和物价
相比，已经成为一种难堪的讽刺。他家庭生活的维持，差不多
就全靠那薪津的收入，和不定的微薄的稿费。有一个时期他们
住在乡下，沈太太除了照顾那个小家庭以外，还在那个乡下中
学教课。沈先生则是每星期乘火车往返一次，在昆明住上两天
或三天，功课完时再下乡。时常在天还没有怎么亮的时候，我
们遇见他拿着一个或两个大包袱（那里面多半是书！）在路上急
急的走着，到那遥远的南站去搭早班的火车，可是我们并不曾听
见他有过什么抱怨，他仍然沉默的工作，永远沉默的工作。一直
到这战争结束为止。

战后湖南曾经闹过一次灾荒，这事大家当还记得。在昆
明的湖南人有不少，曾经发起一个赈救湘灾运动，用各种方式
募捐。沈先生当时就是最热心的一位。因为他长于书法，久为
许多人所知，所以就用义务卖字方法来募款赈灾。这自然是件
小事，然亦可见他为人的热情。

去年秋天，由北大、南开、清华三校联合而成的西南联
合大学，因为仗已打完，分别复员北上，沈先生也即就北大之
聘，离开了昆明。到上海后，又转苏州短住一个时期，沈先生
才去北平。听说沈太太和小龙小虎仍然住在苏州，没有北去，
小龙且已经入了中学了。

北平是沈先生的第二故乡，此去是旧地重游，当然分外亲切，北平人对于这位久别的作家一定也不免有怀念之感。所以听说他在北平终日访书访友，或被别人拜访，十分的忙。他是离不开工作的，他觉得生命这样"使用"，这样的"忙"，可并不"经济"。他现在除了在北大教书以外，在上海《大公报》和杨今甫先生合编了一个"星期文艺"，已经出了十几期。据说在北平也编了几个文艺副刊，不久或还要出个月刊，作为读者，我们自然希望这能早成事实。

选自《文讯月刊》一九四七年六月十五日第七卷第一期

// 我所知道的张奚若先生

我　华

在这"极感知识分子群中战斗行列底稀疏"的今日，偶一想到这位越来越进步的张奚若先生，不禁使人肃然起敬。

记得去年丕强先生在《文汇报》上写过一篇关于张先生的介绍，其中有些地方似嫌简单，尤其是三十三年以后，在昆明底一段时期。这也许因为他没有亲身经历底缘故。现在我尽我所知道的加以补充。

在昆明，张先生是西南联大政治系主任。矮矮的个子，风度极好，蓄有一撇胡子。我一到昆明，便有人指着告诉我："这是我们的拉斯基。"

听说张先生在抗战的初年，曾出席过国民党以请客方式召开的第一次国民参政会，对豪门权贵作过怒吼。但一经发现了参政会乃是政府的一种戏局；要想用唇舌去说服由封建官僚买办结合的集团，进行自上而下的政治改革，实无异与虎谋皮之后，就干脆地"不去"了。

先生擅长演说，他那陕西官话，说来异常动人。但他不很喜欢与人共同主讲一个晚会，这大概是由于分配给他的时间短而不能畅所欲言的缘故。因此他的演讲多半都是单独举行。

三十三年冬天，湘桂失陷，军队溃败，病死饿死遍地皆是。当时国共斗争，日趋恶化，胡宗南的数十万大军留驻关中防共，分毫未动，政府不肯开放政权从根本谋挽救，而强调军事可以单独改革，发动十万知识青年的大从军运动，其背面正包含一不可语人的大企图：表面上借知识青年从军，以提高军队素质，改善待遇，提高士气，实际上不外想造成一批强有力的新干部，作为内战的张本（即今日的青年军）。那时全国各地各学校都热烈响应，联大当局也邀请了查良钊、冯友兰、燕树棠、钱端升、闻一多等七先生组织劝征委员会，劝同学踊跃从军，甚至连热情澎湃的闻一多先生，也为这一运动底真实内容所蒙蔽，基于爱国心的驱使，在讲台上向同学大声疾呼。结果同学受感动而应征的，颇不乏人。就知识青年从军这一运动的本身来说，当然我们应该赞成，而且也是政府所早该实行的。可是张先生洞悉此中三昧，他知道"独裁低能，只顾一党之私"的人，是做不出好事来的。任何计划与好听的名词，一到他们手里都要变质。于是他马上发表谈话，劝同学"不要盲从"。并郑重指出，政治如不民主化，军队如不国家化，则所谓建军，实徒供私人利用。军队之质素与待遇决不能因此改善提高的。

张先生诚不愧为一个有远见有判断能力的政治学者，他的话不久即被事实证实了。半年之后，远征军在印度所遭受的命运，和以往的士兵别无二致。而所谓以知识青年从军为基础，从而普遍地改善待遇与品质的动听的宣传，更是一张不折不扣的空头支票。不仅如是，最岂有此理的地方，还是剥削了从军同学与敌人厮杀的机会，根本就不让他们与敌人接触。同学们满怀着杀敌的壮志，而结果竟感报国无路，真是痛苦万分。因此怨声载道，纷纷写信向学校诉冤。三十四年夏天，中印公路（即史迪威公路）通车后，同学随军返昆，顺便回校看省，学校当局立即召开了一个欢迎会，由梅校委以家长身份主持，参加教授不下二三十人。同学沉痛地陈述各地苦况，几至声泪俱下。大多数都要求马上复学，张先生在座大为感动，痛骂政府之无人道，与处置的失当，并援引他半年前的谈话来相印证，主张学校应接受同学请求，向政府严重交涉，从军同学均报以热烈掌声。张先生的话刚一说毕，教授席上，某先生随即起立发言，那时他新从重庆回来，甚为当局赏识，正是天字第一号的红人，他觉得张先生指责政府过分，在这种尴尬局面下，似有替政府辩护几句的必要，于是他再三解释政府的苦衷，最后至搬出他那套哲学理论，认为："政府之所以发动知识青年从军，实乃财政上不得已的办法，因为最高领袖很懂得知识青年的爱国情切，不会像那些无知的士兵一样，即使吃不饱，也愿意和敌人死拼，而不至逃跑的……"他这套"形而上"的说论，可激怒了张先生的无名肝火，跑进来，指着他大骂"放屁，放屁"，声色俱厉地告诉某先生说："打仗是最实际不过的事，你的那套吃不饱而可精神制胜的理论，真是胡说八道。"这一来，四围的观众，劈立啪拉掌声雷动，但还杂以欢呼，而其余的教授先生们则默然无语，尤其是梅校委，低垂着头左右为难。正苦无人解颐之际，某先生自己大概是看见张先生真的动了肝火，接着继续他的谈话，顺从张先生的意见，着实地批评了政府几句，然后却回转头来，笑容可掬的望着张先生说："你何必这样性急呢？我的话还没有说完哩！现在你看，我后面的意见怎样？"同学们都哄堂大笑，而张先生却更气了，频频摇手，回答某先生说"我一个字，也没有听你的"，立刻就走开了。

经过了这番舌战以后，我们对张先生的人格与磅礴的正义感发生了莫大的敬意。张先生为着真理，一直是这样大刀阔斧的勇往直前。联大教授群中，以顽固透顶著称的燕树棠先生，对张先生这股儿硬劲，也表示推崇。他曾声称："只有张先生才配谈民主。"他的话也许是别有用心，想借张先生的"配"来讽刺其他人士的不"配"。可是，这也足够反映张先生的不屈不挠了。张先生就是这么一个讲气节的人，从不肯和什么官僚军阀过从甚密，一倾极悫。也不愿参加达官贵人们的什么欢宴或交换意见的座谈会之类。当然较那些以"妾妇之道"事人的知识份子，更不知要相距若干万里了。难怪张先生自己也要痛恨这些没出息的老年人。

"一二·一"惨案发生之后，同学们当然愤恨填膺，教授们亦宣言支援，骇人听闻的大惨案，不得到合理解决，不严惩凶手关麟征，决不复课。而政府竟置之不理，且采用分化政策里应外合，先后派高等教育司司长与中大校长吴有训及新任联大校委傅斯年飞昆策划。傅斯年最初假仁假义以表面强硬为烟幕，而由吴有训利用过去联大理学院长的关系，劝说了一大批平日对国事漠不关心，也无政治认识的教授，硬说同学系受人利用，背后有人指使。于是当开教授会议时，反动派得到这班"中间分子"之助，声威大振，集体主张同学复课，并攻击民主派教授，张先生首当其冲。当他起来驳斥复课的不该时，想不到竟嘘声四起，替庄严的联大教授会写下了丑史，傅斯年更指着闻一多先生嚷"滚出去，滚出去"不止，两先生愤而离场，接着吴晗、费孝通先生亦相继退席。第二天继续开会，张先生等当然没有参加，据说当时又有那位哲学家以为是一家天下，乘机大发牢骚，破口便骂："张先生平日开口不离民主，闭口不离民主，现在开会却又不到，配谈什么民主。"正在颇为得意之际，适逢钱端升先生撞了来，钱先生一进门便问："骂谁？"对方戛然而止，慢吞吞地回答说："嘿！嘿！没有什么，我岂敢骂张先生，随便谈谈而已。"

三十年冬天，召开政协的时候，各方提出社会贤达底名单，中共与民盟都一致举荐先生，国民党不愿接受，却给张先生戴了一顶帽子，硬说他是老国民党员，张先生知道了这件事非常气愤，马上写了一封信给国民党中央组织部，请查明他的入党年月与党证号码。他说，他仅早年参加过同盟会，没有入过什么国民党，他实在没有那种"光荣"做国民党员。

张先生最动人的一次讲演是政协召开前夕，昆明联大、云大等四大学举办的时事讲演。那次，听先生演讲的有一万，在联大的图书馆前的大草坪上，先生站在演台上大声地说："明天重庆就要召开各党派暨社会贤达的政治协商会议了，我明知政府不会让我参加，假如我有机会看到×先生，我一定对他说，请他下野；这是客气话，说得不客气点，便是请他滚蛋。"听众都笑了，他自己却不笑，稍停一会，然后又说："有人责我不该直呼元首为'先生'，但我称他先生，还是特别客气啦，像孔祥熙之流谁愿意称他先生？今天中国已病入膏肓，主要的原因，是政权被一群极端反动的贪污的、低能的、专制的封建集团所把持的结果。十八年来的作风，真是黑尽了良心。我曾批评过国民党的官僚和特务，无异拿国民党的钱（钱的头路暂且不管）以自己的腐败来衬托别人的前进，国民党的衮衮诸公，喜欢骂别人为赤匪，但以国民党的所作所为来看，称别人为赤匪，他们自己便该是黑匪了。黑匪的本领，便是'好话说尽，坏事做绝'。现在政协的目的，不外为这垂死的病人开一剂药方，可是药方能否开成，即使开成又是否有效，则大成问题。据我看来，统治集团决不会轻易放弃他们的既得利益的。我现在向政协提供了一个'新'的方案。……"

这一篇具有历史意义的讲演，不几日便传遍全国了。事后政府人士，对张先生的讲演，大为不满，曾要求法院提起公诉，可是法院方面找不到法律根据只得作罢。

政协开后不久，反动派企图破坏政协的决议案，借口东北问题，策动反苏大游行，直接想以外交问题转移国人对内政的视线，间接地打击民主力量。当时联大一部份教授也糊里糊涂地宣言响应。张先生为此事再度挺身而出，发表澄清舆论的重要谈话。在这篇谈话里他分析了雅尔达协定与中苏条约的关系，及东北撤兵的责任问题，并特别指出"中央社造谣成性，而这次运动所根据的事实，却都是中央社多半不可靠的消息，联大百余教授和我一样的不明瞭真象，就这样大喊大叫发表宣言起来，若非感情用事，便难免不是受人利用，这种运动，我无以名之，只好称之为新义和团。旧的义和团，我们仅可怜其无知，而这次则除无知外，实还加上了无耻。"

最近二年来张先生除偶尔参加小规模的座谈会外，很少公开讲演。身体不好固然是一个原因，但另一个原因就是张先生自己说的："我现在已是六十开外的人了，总得留点精力多活几年，等着看看新世界，现在已非坐而言而是起而行的时候，骂又有什么用处"。

今年春天张先生在一个座谈会上指出："中国目前的革命必然成功，这是唯一的出路……"有同学问他，社会主义在将来是否合理，及会不会再有革命等问题。他回答说："我们这一代的人且管我们这一代的事，至于一百年五百年以后，自有那个时代的人去管，用不着我们操心，社会主义在将来是否合理与有无革命，则要看客观环境的发展。但以苏联为例，至少在目前还找不出生产力与生产关系脱节的地方，也没有任何脱节的象征。"

选自《北大清华联合报》一九四八年第二期

// 世界闻名的数学家——华罗庚

陈 平

华罗庚教授不仅是国内首屈一指的数学家，而且也是世界知名的数学家。

华教授是江苏金坛人，十五岁时在金坛县初中读书，毕业后进上海中华职业学校，但是马上又退学了，这以后，就没有正式进过学校，念书都是自修，家里开一爿棉花店，父亲年老了，他得亲自料理店务，就在做生意之暇，坐在账台上捧起数学来读，靠着这样的苦用功，很快地就读完了许多书，而且已开始有论文著出，学问是蒸蒸日上了。然而中国这个社会就是那么不合理，要找事做，只凭资格，不管学识的，因此那时的华教授两次去学校当教员，都碰了钉子，当局拒而不用，说他没有资格，只给他庶务员做。这中间，他又生了一场病，腿也就此出了毛病。

最后，由于一位同乡的关系，得到清华大学去当数学系的助理员，有了这样一个好的读数学的环境，他自然高兴非凡，益发孜孜不倦，用功读书，每年都有论文著出。

抗战前一二年，由庚款派赴英国留学，归国后，任西南联大教授，对数学的研究，更是未尝一日稍懈，华教授的努力，自始至今，没有间断过一天，他在学术上的成功之有今日，绝不是出洋去镀一镀金所镀得出来的！他的苦修行的精神更是我们年青后辈的良好榜样。

最近华教授应邀赴苏联讲学，满载荣誉而归。这以前又曾赴美讲学，据说是为协助爱因斯坦解决问题而去的。由此可知华教授已不仅是国内知名，而且是世界知名的了。

华罗庚教授谈科学的出路

然而，华罗庚教授并不是钻在牛角尖里读数学，不管外界一切的人。记得在去年昆明西南联大纪念五四的科学晚会上，曾说：我有几个感想和大家说一说，第一，德国的科学很好，然而德国败了，从这里便可以知道，单有科学是否能够做到好的地步，确是一个问题。其次，达尔文说："适者生存"，他是说能生存的是"适者"，不是"最好者"。现在社会上的适者是贪官，污吏，奸商，而不是学科学的，科学家是不适者，不奋斗便只有死亡的一条路。再说，那么科学家应该怎样呢？撤退或投降都是不行的，因为那就要被剿灭掉！科学工作者是一支孤军，处于极不利的地位，但是我们若再后退，以后恐怕又得从头来！我们要把民族的利益放在个人利益之上，不要让科学的种子拔掉！我的看法是希望政治上有改变，我们才有出路。至于政治的改变，只要提出两个字就够——民主！

华教授词简意深，一语道破科学在中国为什么没有出路的原因。

华罗庚教授谈科学在苏联

最近华教授访苏归来，某记者去访问他，华教授谈了一些科学在苏联的情形。

"苏联青年研究数学的风气极盛。例如高加索大学二千学生中念数学的有六百个。莫斯科大学数学的学生占十分之一。数学教授有一百个。更者，乔治亚地方的大学校长，科学院长，副教育部长，甚至一个行政上的最高秘书，都是学数学的。"

有人问："为什么这样多数学家呢？"回答是一句"笑话"："只有我们学数学才最配呀！'最配'两个字只有在苏联才是最配的。因为他们懂得数学，更懂得政治，他们的数学与政治哲学的姻缘是很深的。"

接着华教授又说："在苏联生活过最好的是科学家，艺术家，作家，教授。"

而在我们中国科学家，艺术家，作家，教授是过着怎样的生活呢？

[附]（中央社莫斯科九日专电）联大华罗庚教授昨在联邦对外文化联络协会，公开讲演中国数学之研究。数学研究院院长文诺格拉多夫向听众介绍华氏之成就称：华氏之成就，已达世界第一流标准，而某种研究更抵完美境界，渠之某一著作，为世界数学佳作之一，并即将在苏联出版。这一中国数理科学家之成功，表明中国人士之能获有科学成就，并不亚于西方国家。

选自《科学》杂志一九四六年第七期；又载于《当代人物》，故事杂志社一九四七年五月出版

// 记华罗庚教授

时　风

一九三九年夏，昆明联大附近，常常有一个拿着手杖，走起路来，脚画半圆形的人物，引起了人们的好奇：这个跛了一只腿的是联大的算学教授呢！这就是已享世界声名的华罗庚教授，那时，他刚从伦敦剑桥大学回来。直到一九四六年六初月，在昆明大西门周围，他几乎是个妇孺皆知的人。一九三九年的秋天，我想去黄土坡访华教授，朋友说，你只要到黄土坡一问，乡下人自会指引你去他家的，事实果然如此。妇孺皆知的，当然是因为他的走路样式，虽然有些人也晓得他的算学很有名，实则他的在世界算学界中的地位并不是我们这些只认识加减乘除的门外汉所能测其高深的。有一次，我看到他的算学原稿上尽是些 Alpha，Delta，Sigma 之类，我和他开玩笑说：这真是天书。是的，这些天书使他成为中国现代学术界的奇花，得到世界算学界一致的赞誉。从他到了清华大学任助理不久之后起，他就凭着他的著作，逐渐在中国在世界被拥入第一流算学家之林了。一九四六年，华教授在苏联曾受到那里科学界的热烈欢迎，他的一本《堆垒素数论》，已由苏联大算学家维诺格拉陀夫教授译成俄文；今年一月里，他在美国耶鲁、哈佛、布朗、支加哥、米西根、息拉可斯等大学的演讲备受"欣赏"；现在则正在普林斯顿高等研究所（The Institute for Advanced Study）里，由该所专请普林斯顿大学讲师裴克（Peck）先生帮助他写作一本书，作为高等数学丛书之一。

说到华教授的算学，人们就会自然流露出一句："他真是个天才。"然而，天才，华教授自己是不承认的，他说过："世界上那里有天才！"真的，巴夫洛夫说，"天才是九分的血汁"，克劳塞维兹认为"天才是为成就某种事业所竭尽的心力"（《大战学理》上册页十四）。华教授之所以有今天伟大的成就，原不是靠天才而来的。

且先引华教授的姊姊说的一段话：

尽管是冬天，罗庚依然在账台上看他的算学书。清水鼻涕流下时，他左手在鼻子上一握，往旁边一甩，没有甩掉，就这样的左手伸着，右手拿着铅笔画来画去，等到鼻涕在手指上结了凌铎还不知道。

这就是华教授刻苦用功的情形。华教授的家境是窘迫的，他父亲手创的一爿小小的店，资本只有五百元，除了维持一家四口——父母和姊弟两人之外，还得帮助几个侄儿女；在这种帮助之下，三个侄儿成了家，两个侄女结了婚。而自己的儿子，读到了初中毕业之后，仅仅为了拿不出一学期五十元的费用，就不得不放弃了还差一学期就可以在上海中华职业学校商科毕业的机会，回家来担任小老板而兼伙计的事情。这是青年人够苦恼的事情。可是，那时的华教授在几经考虑之下，终于选择了算学作为他终身的事业，于是在一忽儿到柜台上卖四两棉花，两口引线，一忽儿再回到账台上看他的"天书"——这是当时一家人对他的算学书的称呼——的碎割的时间中，他走进了算学之宫。而就这样艰苦自学的环境中，在做着故乡县立初中的会计事务之时，得到一个意外的机会，在一九三一年夏天，到了北平清华大学算学系任助理之职。所谓助理，乃是只做做 Office Work 的事情的。月薪四十元。之后，凭着他刻苦好学的精神，学会了德法语文，络续在日本东京《数学杂志》以及德国有名的世界第一流数学杂志上发表了几十篇有价值的算学文章。也就在这时期，由助理（一年半），而助教（一年半），而教员（二年）！成为清华大学里一个名算学家。在一九三六年夏天，得到中华文化教育基金会的补助，抛弃了升讲师的机会，前往英国剑桥大学。在剑桥两年，于一九三九年夏，回到了烽火漫天的祖国，就任清华大学教授之聘，一直到去年六月初，他才离开了昆明，于九月初，从上海首途赴普林斯顿的高等研究所。华教授出国前后共三次，这次是第一次去美，有人说他三十三年去过美国，真是想当然了。

　　就在他回国以后，华教授依然保持他每日十小时工作的规律生活，在物价飞机速度般上涨的昆明，拿着一点远不足维持七口之家的教授薪金，他仍旧发表了四五十篇辉煌论文，完成了一本世界算学名著：《堆垒素数论》。

大约从一九四二年起，报纸或杂志上偶而出现介绍华教授的文字，在他去年五月访苏回来之后，报纸杂志上更有过一阵热闹。但为了尊重事实，下面有几点要为那些文字的作者作"义务更正"：

有些文字说华教授之去清华，是他写信给该校算学系主任"异想天开地作了一次'毛遂'"，这是不确的。华教授之去清华大学，乃是前国立中央大学教务长唐佩经先生介绍去的。他们是小同乡，然而以前是素未谋面过的，那时，唐先生正在清华大学任算学系教员。

又有说他："因为跛足不便着西服，出国时还是长袍大褂，坐着藤椅，抬上邮船，很像一个'商人'。"那更是想入非非了。事实上，他是在上海治的装，穿了西服出国的，当然，他更不曾被"抬上邮船"，而是乘船到海参威，换乘西伯利亚的国际火车，经柏林渡英伦海峡，去剑桥的。

他也不曾在剑桥大学"很快的做了助教"，他在剑桥是个Visitor。按剑桥的规则，缴学校规定的费用才可以做个正式研究生，那时的华先生，每年仅得中华文化教育基会会一千二百美元的乙种补助，无力缴足费用，只得做个Visitor了。他到剑桥不久，就受到剑桥两个名教授Hardy和Littlewood的赞誉说，只要缴足费用，保证他两年就可以得到博士学位（原来，剑桥的博士学位，普通要七年才可以得着呢！）。华先生的答覆是："学位于我如浮云。"

有两点误传要特别说一下的，是：

一九四四年五月昆明中央社发出一则电讯，说爱因斯坦教授因若干数学上的问题不能解决，特地邀约各国数学家赴美，举行讲习会，共同研究，华罗庚教授被聘为该会四指导员之一。华教授曾有信给笔者，声明那是无稽的。他说：爱氏之伟大虽愿执弟子礼，但从来未曾和他通过信，当然所谓指导员之说乃是误传的了。

其二，便是有一篇文字中说："华先生在清华大学时曾向同学说：'诸君将来到国外去是做学生的。我如有机会出国，是去做先生的'，当时闻者窃笑其妄"云云。华教授曾指着这一段，笑着对我说：有机会时你代我辟一下，我那里会这样的狂妄，说出这种荒唐话来？

这里，顺便告诉读者诸君，华教授的腿，最近已在美国医治了。

// 不修边幅的曾昭抡教授

幸田　老K

不修边幅的化学大师，却对战局分析具有天才，成了民主运动的导师。潇洒，豪放，没有名教授的架子，最跟同学们合得来。

一

北平的学生大概对曾先生还不太陌生。刚复员的时候，曾先生为办理北大复校，曾经很早来到北平。一方面他同几位先生一同负责接收北大的校产，另一方面还在临大补习班任课，当时的报纸还登载过曾先生与叶青在红楼唱过对台戏的事。

现在，曾先生是派往原子能管理委员会的中国代表之一，却还负北大化学系主任的名义。在北平的学生确有不少怀念这位远在新大陆的化学大师。

在联大的时候，除了沈有鼎先生之外，最不修边幅的就是曾先生了。一件蓝布大褂，由蓝变紫，由紫变白，再配上几个破口，使人看了常生异样的感觉。皮鞋常没有鞋带，即使有也不系上。谈到袜子，破当然不必提，一只脚有另一只脚没有的时候也有。

在抗战刚结束时，曾先生各处奔走呼吁民主和平，不遗余力，身为一个化学家，对于政局、战局的分析和综合，却可以和任何专家媲美。在联大，闻一多先生常和同学谈论有关文艺方面的东西，一般政局的分析多半由罗隆基、潘大逵担任，战局分析一类的题目则属于曾先生了。

曾先生在化学系担任的课程是有机化学。虽然在抗战后期抽出不少宝贵的时间为民主运动效力，但是对化学研究的努力却不曾半点少减。在夜里，即便没有电灯，在昏暗的油灯底下，常可看见他埋首研读字母比蝇头小楷还小的化学书籍。

最能和同学在一起玩的教授，恐怕就要算曾先生了。曾先生参加化学系同学的集会，总是有始有终，而且不拘束跟大家一道"手牵手""排排坐"。遇有同学课外活动的时候，曾先生也总是积极参加帮助。单说联大每年冬天到路南石林去旅行，学生服务处夏天到西山去开夏令营，总是邀请曾先生作导师。而每次曾先生和大家总是一道玩吃，弄得很高兴。

曾先生有些习惯也是很怪的，走山路既然很内行，在云南疟疾是著名的，而他可以不带蚊帐随处旅行。在大凉山夷区旅行，沿途很苦，曾先生却很怡然自乐。

曾先生的太太是现任交通部长俞大维的妹妹，曾任中大外文教授的俞大絪先生。虽然都已上了四五十岁的年龄，去年俞先生到了昆明，这一对老情人却常携手在翠湖的大道上漫游，常常引起青年们的注目，而曾先生从不感到不安。不但如此，他还常跟同学开玩笑，讲授西洋男子对女子的礼节呢。

二

如果你到过战时设立在昆明的国立西南联大，你便不能不记得联大有这末几位"怪人"：

一个是走路老划半圆的华罗庚教授；

一个是青蛙式跳跃的一条腿的潘光旦教授；

一个是常跟影子说话的沈有鼎教授；

一个便是这位不修边幅的曾昭抡教授。

曾昭抡教授为什么不修边幅呢？这我先给你画个他老先生（其实并不老）的画像吧！

春、夏、秋这三个季节，在他，总是分不开的。在总是穿着那一件破得连里边的汗褂都能看得见的安安布大褂。脚上"套"的一双红皮鞋，也有相当年龄了，有位同学说，他已穿了六年。我看六年虽没有，而四年是绝对有的；因为他的皮鞋已没有了后跟，"后脚踝的老成绩"常常露在外边，女同学看见他，都要掏出手巾，握在嘴巴上傻笑一阵的。

他的个子还蛮高，但却非常瘦。当他在我们前边走时，我们便在后边偷偷地喊他："吉诃德先生！"

那时，他是联大化学系系主任，理学院的学生最喜欢选他的课，因为他讲科学的，也可说是硬性的东西像讲故事一样；而且他对科学的认识也非常新，非常正确。记得"五四周"的科学晚会上，他讲到："科学不能够孤立的，它必需配合人民的要求，造福人民……有些没有良心的科学家，常常为了某种利益，而投身到那些人类的凶手的怀抱，而作起人民之敌的帮凶来……"当时美国政府还邀他到美国去讲学，他说"我没有那种精神"而辞退了。

曾昭抡先生不仅是世界上有名的，有良心的科学家，而且还是稀有的文学家和杰出的政论家。三十二年他曾去滇西夷区考察了一回，回来后写了一部将近四十万言的"夷区访问记"；这部"夷区访问记"是我国文坛上一部光辉的作品，因为采取报告的形式，而能写出这样一部有内容，有价值的巨著，在我国还没有几个人。

对日解放战争胜利的前二三年，和胜利后的这一两年内，他投身在民主阵容里边，为民主奔走，呼吁！当时，在昆明出一种《民主周刊》，他就在上边写"每周时事评论"和有关政治的专论。他所预备的，他所估计的，没有一次是错误的，尤其他的数目字弄得清楚正确，有人说他是"数目字专家"，这话是对的。我们知道没有数目字观念的人，他将失去一个杰出的政论家的主要条件。

现在，他在美国讲学，但这并不是他已有了"精神"，而是客观环境把他局促到这个地步了。

分别选自《燕京新闻》一九四七年三月十七日和《新疆日报》一九四八年十月五日，第一篇署名"幸田"，第二篇署名"老K"。第一篇原题为《曾昭抡》。

// 哲学家沈有鼎像赞

尚　土

有这么一个传说——二十多年前，清华学堂改为清华大学时，并没有哲学系，那时逻辑大家金岳霖老博士还是教政治学的。有一天，金博士从一个教室外边走过，听见一个学生在给大家讲哲学问题，就驻足顺便听听，越听越觉得讲的很不错，后来又知道那位学生很爱读哲学的书籍，于是便商讨成立哲学系。哲学系便这样开台，一个先生，一个学生。这位学生就是现在清华鼎鼎大名的沈有鼎教授。金博士在美国本来是研究政治的，在得了博士学位之后，回国横渡大西洋的途中看了一本休谟的著作，从此就对哲学发生浓厚的兴趣，但回国后却仍教政治学，迨清华哲学系成立后，一直在哲学系任教到现在。

把老师一笔撇开，暂且不表，现在单给这位弟子画像。

打开清华历届毕业同学录一看，知道沈教授是江苏吴县人，民国十八年六月哲学系毕业，毕业那年他是二十二岁，推算起来，今年该是四十一岁了。这年岁并不算老，然而他的作风却有令人想不到的地方。

他在清华作学生时，是二十左右的小伙子，而且讲哲学问题讲得为金博士大加赞赏，应该生龙活虎，能作能为，就是退一万步说，也至少可以"自治"，然而不然，每届开学，家里都要派人送他来北平入学。同样的，每届放假，家里又派人来接他回家，否则，捆行李，买车票，住旅店，他一概搞不来，家长怎能放心呢？

沈教授是清华哲学系第一届毕业生，毕业后又以成绩优异，学校送他到美国深造数年，后又自美国转赴德国住两年，回国之后，就在清华任教。不久，七七事变发生，他随学校迁到长沙临时大学，次年又迁云南，临时大学改为西南联合大学。

那时联大的文学院设在滇南的蒙自，沈教授和历史系钱穆教授同住，抗战初期，尤其在大后方，法币贬值的速度并不太快，而且沈教授本人也不善于理财，所以发薪之后，他把全部钞票放在手提箱内。他还有一个奇怪的习惯，就是每天都要数一遍。数来数去，有一次弄糊涂了，他觉得少了十元，而且他怀疑是钱穆偷的。于是他就对钱教授说："我的钱少了十元。"钱不以为意地随口答道："我不知道。"后来沈和别人研究这个问题，别人有意无意地同意他的猜疑。于是他就把别人的意见当作了贼证，又回去质问钱穆，钱一听口气不对劲儿，就勃然大怒变色反诘道："你难道以为是我拿了你的钱了吗？"这在别人一定会看风转舵，缓和一下空气，而沈教授则不然，率尔答道："我看是的。"钱教授怒不可遏，"砰"然一声给他一记耳光。事情也就这样糊里糊涂地不了了之。

不久，联大的文学院从蒙自迁到昆明，沈教授也就常在联大新校舍出现。因为昆明的气候是四季常春，所以人们的服装很少变换，而表现在沈教授身上尤其令人觉得具有"永恒性"。他往往两三个月昼夜不脱鞋，大褂新作的穿上一直到破烂不堪脱掉丢了为止，中间连一水都不洗。他的旧衣服卖不掉，因为里边尽是虮子。潘光旦教授是沈的表兄，讨厌他这样子，所以有时他到潘家，潘先生命令佣人强将衣服剥下，马上洗好烘干再给他穿上。

然而江山易改，本性难移，偌大一个人总不能老教别人强迫自己洗衣服，况且惊弓之鸟，处处谨防误入罗网，所以我们总是常常看见沈教授褪色的红蓝大褂的背上张着一尺多长的裂口。衣服破烂不堪外，又由于爱思考的关系，两眼总是向下看，痴呆之中又夹杂着鬼祟猥琐的神情，这样便招致了警察先生们的注意。有一次我们的沈教授竟然因小偷的嫌疑而被捉了，有劳另一位先生拿着学校的公函才把他保释出来。谈到沈教授的被捉，在纽约还有一次，至于被捉的原因，传说不一：有人说是因为他看某一家商店，越看越出神，店主觉得诧异，就赶快报告警察。有人说是因为他爬一家的墙头，目的在看院内的挂钟是什么时候，人家误以为小偷，就报告了警察。还有人说是因为看一个女人洗澡看得出神。究竟何真何假，笔者也不曾加以考证。只知道警察来捉时，问他什么他一概不回答，第二天学校打电话保释，放他出来，无论问什么，仍不作答。

昆明在雨季，落雨之多，简直防不胜防，眼看是阳光普照，可是不知怎的就会凭空浇你一头瓢盆大雨，五分钟十分钟后，就又是雨过天晴，所以在昆明过雨季的人，只要出门走走，绝对要带雨具。我们的沈教授对这类"形而下"的事情却从来不在意，雨季中有不少次看见他淋得像落汤鸡。最令人肃然起敬感到望尘莫及的是：任雨下得多末大，我们的哲学家却从来不乱脚步，仍然探着脑袋，袖着双手，踱着方步，仿佛在为芸芸众生苦思着"形而上"的大问题。

沈教授绝顶聪明，除哲学外，他还会唱诗唱歌和唱昆曲，不过他的昆曲是坐在马桶上的时候才唱的，关于中国义学方面的知识他尤其丰富。知识虽博，但和他的生活一样，不愿意也不善加以整理，所以他讲起书来，随想随说，乱麻一团，弄得"不知所云"！

他的博学是自好学而来，好学而又健康尚好，我想是由于爱吃，所以好学和爱吃也是他的显著特点。在抗战期间教授们生活太苦，休假的时候总是到别个大学讲学一年，可以拿双份薪水。沈教授一个人生活，无任何负担，所以他在昆明休假的那一年，越发好学，天天提着小箱在学校听课，文学院各系的课他全光顾，不但听，而且还当堂提出问题讨论，因此有些教授讨厌他，拒绝他来旁听。例如陈康教授讲希腊哲学，便不教他听。陈教授对他说："你不必来听，我文章写好了给你看。"

有些教授也不在乎，随他听去，有时已经下堂了，沈教授还呼呼大睡着，也没人叫他起来，先生同学对这教室小景总是相视而笑。沈教授随时随地都可以睡觉，经常伏在图书馆的桌子上睡，有一次竟在同学们寝室里睡了一下午，醒来四顾无人，独自离去。

　　沈教授爱吃的程度恐怕也是少有的。在昆明，自红烧牛肉，焖鸡米线，烧饼，油条，乃至于摩登粑粑，烤饵块，花生糖，他无一不经常光顾。尤其他休假那年，每天早晨在新校舍门前的早点摊儿上，你看他那左右逢源，兼容并包的精神实在令人艳羡。他坐在手提箱上，手里端着一碗牛肉面，面前放一盘油条，一边大嚼着，一边还吩咐着这家煎蛋饼，那家烫糯米饭。也不知道是因为他的吃相不好还是别的，有一时期他竟没处搭伙，却跑在佛教会里吃饭。有一次在青云街一家茶馆里，我见他独自在那里坐着，面前摆几盘点心和瓜子花生之类的小吃，一边嚼着，一边口中念念有词，指手划脚。我问道："沈先生是在读拉丁文吗？"他说："不是，不是的，是梵文。"听说一年前他在英国牛津大学时，口袋里经常装着零食，随时随地咀嚼着。

　　哲学家们的意见总是多的，沈教授也并不例外。但遗憾的是他从来不看报，世界如何在变化他毫无所知。有一次联大开什么座谈会，正在群众发言热烈的当儿，沈教授站起来，他期期艾艾地说："我这里有一本新书，很好，是外国书，现在念给大家听。"说罢，他就念起来。大家起初以为他引用书中的话来说明他的意见，不料他一直念下去，简直没个结束，同学们渐渐不能忍耐了，于是群起制止，然而他坐下，仍若无事然。你说这境界高不高？今年八月二十二日在拘捕"匪党"的名义下，军警拥入清华园挨家检查。当检查到沈教授屋内时，他还不知道怎么回事。证明身份的证件一样也找不出来，后经陪同检查的冯友兰先生解释才算了事。

像这样种种作风，人们总认为他天真纯洁，但渐渐因为一些琐事，有人就说这家伙很自私。借书不还好像是他的习惯。他有一些外国图书馆的书。可见是"久假而不假，不知其非有也"。在联大他对图书，也是老借不还，照图书馆的规定，超过某种限度，不还旧的书就不准再借新的。有一次沈教授又到图书馆借书，一位女管理员请他把旧书送来再借，并把他所借的书目单拿出来给他看，他期期以为不可。正在争执间，有人来借书了，那位女管理员就去给别人取书，沈教授灵机一动，趁这一刻千金的机会，以迅雷不及掩耳的手段，拿起铅笔把他所借的书目给划掉。那位管理员一发觉马上挡着不让他划，不料这位悠悠岁月连挨耳光都不曾生气的沈教授这次却"空前"地发怒了，他戟指而且怒吼道："我，我解聘你！"管理员责任所在，不理会他这一唬势，他更急了，至于哗的一声把书架子推翻。一位男管理员闻声提棍而出，沈教授见势不佳，仓皇飞步奔去。

"食色性也。"我们的沈教授也不能超越这一难关，不过他在爱情上的遭遇，却近于悲喜剧的演出。远在他求学时代，有人给他介绍一个女朋友，是北平城内某女中的学生。从此以后，他像着了魔一样，天天去看女朋友。初冬的一天，天气并不太冷。沈教授穿着厚重的大衣来会，谈话不久，他看准机会，把大衣猛地披在那女郎身上，像饿鹰扑麻雀一样，该女郎少不更事，骇得"哇"的一声拔腿就跑，他在后边还讷讷地解慰道："我我我看你你冷。"经此一番"保护"，关系亦告终止。后来在蒙自又和家里给他订婚的太太结婚，不幸在结婚的第二天，太太就闹"辞职"，她说无论如何不愿继续这婚姻关系了。接着就离他而去。但一个受过高等教育的人，总知道顾及两个家庭的友谊和个人彼此的体面，所以还常常给他写信，太太的字写得很好，同事们都认得，见写来那末多的信，他统统不看。然而却包起来妥为保存。他们终于离矣，太太又在香港跟别人结合。沈教授至今还是独善其身的个人主义者。不过他对爱情并不忘怀，一位颇丑的女生来听他的形上学，他特别殷勤地问道："你是哪系的？你有兴趣来听这课？咳咳你你……"。

一九四四年秋陈寅恪先生应聘赴英作牛津大学的汉学讲座，同时带邵循正、孙毓棠、洪谦和沈有鼎等教授去作作Fellow。在陈、邵、洪几位先生回国之后，还有孙先生陪着沈教授在那里作研究。去年孙先生又自英赴美，只剩下沈有鼎教授一个了，于是他像失去了父母的婴儿一样，无所依赖，终于由恐慌而精神错乱了。一方面在英治疗，一方面又叫去人接他回国。这次回到清华园，真是焕然一新，暑假儿见他穿着黄卡机的短裤，长腰袜子，洁白的府绸衬衣；入秋后天气渐冷，他穿上西装，打上领带，前两天寒流来袭，他又穿上黑呢大衣。我和别人研究他为什么这样齐楚，一致的结论是：在昆明的破烂中西装都不知丢到那里了。在英国穿的回来还穿，因为只有这些。至于精神状态则"原封不动"，"依然故我"。现在时时见他探着脑袋，背着双手，度着方步，在紧张热烈的清华园里，踽踽凉凉，像个幽灵一样，悠来复悠去。清华园外就进行着善与恶的搏斗，轰隆之声不时传到清华园内来，连那些向来保守甚至顽固反动的教授都在渐渐转变，而我们的"无怀氏之民"式的沈教授却仍然像生活在真空管里一样，与外界绝缘，这不能不说是二十世纪的一大奇迹。

然而这奇迹不是凭空来的，而是有它的特定的社会基础：出身于坐享其成的士大夫的大家庭，又受着与现实生活脱节的麻醉教育，而玄奥的经院哲学又给他一个自我的精神世界，就这样造成了一个许多废人中的特号残废。

一九四八年一月三日于清华园

选自《人物杂志》一九四八年第二期。本文参考暨南大学出版社一九九八年九月出版的《杨天堂文集》节作了校订。

// 回忆诗人燕卜孙先生

赵瑞蕻

我每次翻阅夏芝（W.B.Yeats）编的《牛津现代诗选》（Oxford Book of Modern Verse）（注一），寂静中读一遍燕卜孙先生（William Empson）那首题名《蜘蛛》（Arachne）的诗的时候，我会马上想起来燕卜孙先生那根红冻冻的希腊型的高鼻子；那一对蓝灰色的眸子，在阔边黑架子的眼镜后面，闪耀着迷离，渺茫，秋雾一样的银光；或者想起我们跟他读《莎士比亚》、《英国诗》、《现代诗》与《唐·吉诃德》那些热情而又幸福的日子；或者想起他一面豪放的狂饮着云贵名酿茅台酒，一面流泉似的朗诵莎翁底商籁体诗那么潇洒的神情；或者想起他在春日的黄昏，背了一大袋书，拖着一双破烂的满是尘土的旧皮靴，匆忙地在昆明郊外马路上行走。——向前行走，急急忙忙地，渐渐消逝在薄暮的日影里，那瘦瘦又长长的背影。

回忆好像一支爱惜而温馨的芦苇笛，它时常给我吹弹着那些往日的欢娱和惆怅：时常奏着记忆和联想底单调的乐音，在年岁的笛孔里流过一朵朵时光的泡沫……"li ya des impressions que ui le temps ni is circonstances peuvent ellacer."（注二）。我第一次看见燕卜孙先生是在南岳山中。那时候正是潇湘烟霞深沉，秋光绚烂的时节。在一个乳香的清晨，我独自一个人在露染秋草的山径上散步，我看见一个身穿灰棕色西装的外国人，手里拿了一根手杖，胁下挟了两瓶红酒，外衣上一个大口袋里装满的洋火和大英牌烟卷儿，另一个大口袋里插着三四本书。他孤独地穿过一座古风的石桥，走进长沙"圣经学院"的"暑期学校"（注三）的大门里去：一个挺长的背影消失在园子里的枝条间了。我怀了一种好奇的心思望着他，我十分了解一个陌生人在那陌生的山林中应有的寂寞。我要知道他到底是那一位。随即我也走进了那座幽深秀丽的院落，但是再也找不到那个陌生人。也许他上楼了吧，也许他往别的地方去了吧。总之，好奇心给我酿满了一杯盈盈的疑喜——不过，我猜想他一定是一位新来的外籍教授。

那时候，国立长沙临时大学才成立不久，规模粗具，一切都还没有就绪，处处呈现出初期战争的激动和不安。长沙住不下那样多的学生，于是学校当局决定把整个文学院搬到南岳衡山来，就租定了"圣经学校"作为院址。我记得我是和一个同乡朋友随着第一批人马到了南岳。过了几天，同学越来越多了，教授也大部份来了，幽静的山间立刻散荡着一种兴奋热闹的气氛。大家都准备在山间作暂时的修道者。过了二三天，学校正式上课了，庭院里到处洋溢着年青人的欢快。

有人说那座书院，原来是当年明末几个忠烈的大学者讲学读书的地方。书院的门外有一个可以闲眺休憩的阳台。站在那里：你可以看到对面是一带满植翠竹和苍松的山屏。靠右手，有一条石铺的大路向山顶上蜿蜒着，那是通到被称为天下第一峰衡山名胜的"祝融峰"。靠左手，也有一条石路，顺着水田和幽涧向山麓斜下去，那是到南岳市的一条通衢。你也可以听见远迢迢有流水底清脆细软的玎琮；杂着不知何处传来一声声秋山鸣禽的啾啾。在那古松怀抱的石桥下，还有一股急湍，沿着翠绿的山崖边缘飞堕下来。大自然把它琢成一派长年飞舞着梅雨阴寒的瀑布——白龙潭。自从那天以后，我时常看见那个陌生人独自一人，在那股瀑布上面一块平滑的大青石上徘徊。不断的抽烟，看书，或是不停留地匆匆来去。他似乎十分欣赏南岳的佳丽的风景。

一天课后，在书院园里一片草坪上，一大堆外语系同学围着那时的系主席叶公超先生谈天。叶先生兴奋地给我们讲国外时局的情况，和学校以后的计划。接着不知怎样一来，他露出老成的微笑，告诉我们说："今年我们新请来的剑桥诗人燕卜孙先生已经来了。他现在正在楼上打字。——明天就可以上课。——哦，他是一个了不得的诗人。抗战前一年，北大就聘定了的。他以前在日本东京帝国大学教过书。——你们不久可以发现他了不得的天才，和一些好玩可爱的地方。——他这季先开莎士比亚，英文诗，和三四年级英文。——今年夏天以前，燕卜孙先生刚刚到了中国不久，七七事变就发生了。于是我们打电报给他，请他直接来长沙。"上午十点钟秋日的阳光穿过园子前的榆树和松枝，投下一片片灿烂的温情和沉默。叶先生特有的风度，穿着米黄色的大风衣，衔着烟斗。从他底自在的谈话里，我们才知道了一些关于燕卜孙诗人的事。

衡山的气候也多变化，晴和的日子并不多。秋风吹落了凋零的枝叶，天气一冷，困倦人的雾雨便迷漫了青紫的秋山。我记得那是一个阴沉沉的下午，我们第一次去听燕卜孙先生底开台戏——外国语文系三、四年级必修的"莎士比亚"课。那一间幽暗的茅草教室里挤满了那么多的年青人，闪射着那么多好奇的热烈的眼睛。我和一个朋友挤在一个屋角里，两人合坐了一把椅子，大家静待诗人底出台。上课铃摇了，一根红冻冻的鼻子，带着外面的雨意，突然闯进半掩的门内了。我们都伸着脖子向他凝望：诗人到底跟凡人不同，有的是浓烈的诗味。修长的个子，头发是蓬乱的，衣服还是那一身灰棕色的，敞广的脑门显示了丰富的智慧，面部有一种严肃而幽默的表情。但是，最引起我注意是他那一双蓝灰色的眼睛，不停地在眼镜的光圈内频频流转。……我当时的紧张和激动，使我回味着海慈礼特（William Hazlitt）第一回跟可尔律治（Coleridge）见面的情景。谁读过那篇《我与诗人们初次的认识》（My First Acquaintance with Poets）的文章，谁能忘记了海慈礼特给我们刻画了那么美丽又那么亲切的甘美的回忆？我们底诗人一进门，便开口急急忙忙的说话。一说话，便抓了粉笔往黑板上急急忙忙的不停的写字。然后擦了又写。又抬头望着天花板。"喔，喔，……"地嚷嚷，弄得大家在肃穆的烟灰里迸出欢笑的火花。那天他给我们大略讲一讲关于莎士比亚评传一类的话，然而他的话说得又快又不清楚。一种纯正的牛津音，也许我们没有听惯。实在说，那天听懂的人极少。在那一点钟里，与其说去上课，不如说大家来欣赏那位现代英国名诗人的丰采与谈吐。大家的眼光仿佛迷途在诗人的身上了。但是，谁的眼光能够吸引得住燕卜孙先生那对迷离又渺茫的蓝灰色的眸子？我还记得起来，那时北大同学底老练与谛听诗人的说话时的严肃；清华同学底年轻的热狂；和南开同学幽默的微笑。大家悲痛的辞别了清华园，沙滩红楼和八里台，流亡南迁，相继都聚首在衡山，来受剑桥诗人底诗的洗礼。这缘分和当时的情景值得永远的纪念。

当时有四个教授班上都挤满了人。满屋子晃动着渴求文艺与哲理底熏陶与抚养的青年。上课以前，便开始演出抢位子的喜剧，乱哄哄的挤在一起。我以为战后大学内座位争夺的历史，应该从那时候写起。第一是冯友兰先生的"中国哲学史"；第二是钱穆先生的先生的"中国近三百年学术史"；其次是吴雨僧先生的"欧洲文学史"；最后是我们底诗人燕卜孙先生的"英国诗"与"莎士比亚"。这几门功课的热闹和显赫的盛况给予避乱在寂寞山中的人们多少珍贵刺激和鼓舞。而燕卜孙先生及功课更有一种引诱的力量——那是除了必有的敬仰之外，更有新鲜与好奇这二种潜力。那时候，学校大局方定，图书等设备十分贫乏。开头那几天，连《莎士比亚全集》也找不到。而燕卜孙先生自己的许多书都搁在长沙还未带来。于是，就在这样的一个环境下，燕卜孙先生大显身手，表演了他惊人的记忆力。在莎士比亚班上，第一本读的是《奥赛罗》（Othello），大家都没有书。全凭他底记忆，整段整段的背出来，写在黑板上，给大家念，再一一加以讲解和批评。在英国诗班上，最初几日，绰塞（Chaucer）和史宾孙（Spenser）的诗篇也都是他一字不错，一句不漏地默写出来。这一层真使人想起当年秦始皇帝焚书坑儒以后，天下无书，大部份全凭那些白发皓首的大儒将经书整部整篇背诵出来，那种传奇一般的神异的故事。——"With the Book and Volume of the Brain…"（注四）——这诗人记忆力之强和他对于他祖国文艺遗产的熟识，真叫我们钦佩。

那是民国二十六年的秋天，正是我们抗战第一出英烈的血剧，艰苦的扮演的时期。战争的火焰开始烧焚着中华的大地，每个角落里喧腾起来怒愤与反抗的声音——那是我们这个伟大民族底复兴的序曲。也是我们这一代人，浪漫性最浓烈，生命最有光辉，最炽热的一个时代。但是，在另一方面说起来，那年秋冬之交，也是国内外局势最动荡，最混乱的时期。敌人的铁骑无遮拦的踏遍了锦绣的江南，哀痛的历史一页一页地染上了血迹。长沙临时大学成立才二三个月，"淮左名都，竹西佳处"（注五），相继沦为战域。金陵震栗着；江汉动摇着；不久我们底国都南京便陷落了。——那一陷落，我不敢再想像，陷落了多少颗心！我们现在低吟着"大盗移国，金陵瓦解"（注六）的句子，心头上立刻浮现了一片江南的哀痛！于是，不安与疑惑像毒害的细菌一样钻入人们的心里。那时节，空气是紧张极了，谣诼纷传，学校里到处散布着离奇的消息。许多同学"投笔从戎"，热烈的走出大学之门，结伴到武汉一带地方参加各种救亡工作……我现在重温这一段历史，真有说不出来的激动和惊喜。但是由于态度，看法和性情的异别，甘愿留下的还是留下了。光是着急和忙乱有什么好结果呢？终于，学校奉令迁移云南。八百多个学生分做二个集团：一个是由长沙，经湘西，入云贵，完成徒步三千里空前的壮举。一个是由长沙乘车南下，经广州香港，而转入安南，而蒙自而昆明。从那时起，学校已换了一个新的名字，称为"国立西南联合大学"。在这段移居不定，行旅倥偬的日子里，燕卜孙先生曾去南洋一带游历了一番。当他回来时，我们文法两学院已经在蒙自上课。而诗人的高鼻子，受过了南洋日光底渲染，更分外的红冻冻了。

　　蒙自是一个娇娜，闲静，婉美，带有一些牧歌情调的小城镇。夏日南湖碧油油的湖水，湖畔高大而挺秀的尤加利树，和一些法国式的建筑，安南人开的咖啡店，园圃里法国种的花木，再加上亚热带性和暖的气候，居民的爽直和质朴，以及异乡的芭蕉味的风情……这一切简直像雅尔风斯——都德（Alpbonse Daudct）所描写的他底故乡——法兰西底幸福的 Provence！我热爱那色彩、芳香和日光之乡，中国底

Provence！

燕卜孙先生一到了蒙自便住进蒙自海关内一间极僻静的房子。他带来的一大批书报与什物，堆积了一屋子好像文字和图形的山丘。不但桌子上、椅子上全是书，连床底下也躺满了沾着旅途尘土的卷册。那么多杂乱的书，以各种奇异的姿态陈饰着：有的横陈，有的倦卧或俯仰，有的好似懒洋洋的斜倚着土墙根；有的又好像老当益壮似的雄踞在窗台上……那间房子又狭小又幽暗，除必要的家伙外，还有各种样式的空酒瓶和香烟罐，乱扔在四个角里。此外，还有一件最引人注目的装饰，便是诗人自己那一个古旧的 Paper-box 了。住在这么一间屋子内，诗人却是十分喜欢。他有一天跟我说："我最喜欢这扇意大利式的格子窗和窗子以外的风光。你看，我坐在窗旁，便可以看风的吹拂，云的飞扬，和树木的摇曳。——中国每一个地方都好，好得叫人留恋不已。蒙自这地方给我的喜悦比整个日本还强得多了。——我觉得自由，我觉得舒畅！——喔，喔，抽根烟吧，——坐下来谈谈。"

是的，诗人的观察不差。他窗外的风光真值得永恒的流连：园子里种植着莴苣、芙蕖、蔷薇，盛开各种娇艳的花。围墙上爬满藤萝。白墙外便扩展开一片翠绿的和橙红的平芜。阡陌上有枝叶亭亭的树。在树与树隔隙间，我们可以看到雍容起伏的山脉，山腰处有长长的灰白的路道——那便是滇越铁路的个碧石支线。阳光照耀着，蓝天下常有二三只白鹭悠闲地在飞翔。……在那儿，多少回我去拜访燕卜孙先生；跟他作了多少次亲切又自在的闲谈；陪他消磨多少个天淡云闲的青色黄昏！往日的温馨如今还梦一样的留芳在心田上。我尤其忘不了蒙自牛队清脆的铜铃声。每旦破晓，当你似醒未醒的时候，远远传来一阵阵隐约的，而渐渐近了的玎珰。好像《赛根爷底羊》铃响彻在薄暮的山谷中一般，每天清晨，那牛队底玎珰，挟着晨曦，投落在你异乡游子的枕畔。我还眷恋那梦境一样飘渺、绯红的晚霞，以及那长堤上的石榴树，当那柔和的夏风吹拂着，一夜间开遍了千万朵火红绚熳的榴花。——（在那儿，我描画我青春的幻想；寻求生命的真实和缪司底蛰音！）

蒙自本来是一片冷落的地方，自从西南联大文法学院搬去后，一天比一天繁荣了。南湖畔添开了四五家咖啡店。（多半是流落在蒙自的安南人开设的。）其中有一家，装置得最为华丽。淡紫色的粉墙，白色的咖啡座，桌子上银瓶中供养着鲜花；夜晚，话匣子播送法兰西迷人的乐曲。引诱力好像醉人的春光，招呼年青人走进去，消磨无数个流亡寂寞的夜晚。我们时常看见我们底诗人一个人独坐在一家生意比较清淡的咖啡店里，斜靠着一张圆桌。一面啜饮浓香的咖啡或红茶，一面向摊开在桌子上的书本投下亲挚的眼光。或者拿起一支铅笔，乱喘喘的在书本空白上涂写。——涂写些什么呢？没有人真确的读懂他底"涂写"。也没有人解剖过他所刻画下来的那一行行爬虫似的东西，而追寻它们真实的意义。谁了解他孤独中的热情呢？可是，他还是一样热情的醉于酒，醉于诗，醉于生命底梦幻！燕卜孙先生并不是孤寂的。

可是，人们只记得燕卜孙先生在蒙自制造出来的几件又滑稽又好玩的笑料：

有一夜晚，他不知道在什么地方喝多了酒，醉醺醺地冲进他屋子里去，便往床上一倒。好心的工友进去给他盖好被，关好门，似乎什么都完事了。第二天一早，工友推门进来，打算喊他起来用早餐。发现他床上的中央二块床板折断了。我们诗人底腰部背部压根儿陷落在左右两块摇摇欲坠的床板中间，而掉落在地上！可是他底头与脚还是无恙地搁在床上。好些书飞堕在他的身上。而诗人还在呼呼熟睡，高枕无忧，夏梦方长呢。第二件还是酒陷害了他。有一天晚上他兴高采烈地回家。上了床，便把他底眼镜摘下来，随便往一只破皮鞋深处一塞。第二天起来上课，他仿佛忘掉过去的一切了。又兴高采烈的把两只大脚伸进皮鞋里去。站起来，才发觉一只鞋子内有异物，使诗人吃了一惊。他慌慌张张的马上掏出来一瞧，才明白了他宝贝的眼镜遭了横祸！"还好，我只踩破了一个镜片！喔，喔，好运气！"事后，他来上课，给大家讲这个奇迹，逗得我们哄然大笑不止。他也不去修理破眼镜，仍旧戴了那份"半壁江山"来来去去。第三件该算是诗人底悲剧了。一个清和的下午，他一个人到郊外某条河中泅水，他把衣服统统脱光，放在河岸上，跳入水中，便忘情的眷恋着绿波了，等到他爬上岸时，那一堆衣物都不见了。大约被一个小偷儿拐走了。于是我们落了难的诗人便大声叫喊，哀求路人的救助。凑巧有一个同学散步经过那地方，看见了诗人的窘态，回校设法借衣服，给他送去，才算从不幸的陷阱里救了燕卜孙先生上来！

这一些诗人底有趣的故事，凡在蒙自上过学的人，没有一个人不知道的。如今经人一提起来，大家还是一样饱餐了一顿回忆底欢笑。

回忆幸福的引线随着时光的流转，现在应该沿了滇越路线飞驰，而停滞在那个春花卷舒的美丽的终点上了。

在蒙自度过了平静无事的半年，联大文法两学院又第三度搬家到昆明，而和理学院合在一起。当时的校址是昆明西郊外，那座建筑十分富丽的"农业专校"。那时节，从各方面说起来，该算是这座在患难、贫穷、艰苦中扶养起来的学府，由慢慢的长成到了渐渐壮盛的时代！单就外国语文系而论，就有二三十位教员。教授的阵容，课程的繁多，气魄的雄厚，师生的协作，安排的稳适，以及大家精神的新鲜和焕发，在当时国内可说是空前的盛事。真是那一年代人们无边的幸福和可贵的机缘。譬如说：系里开了一门直到现在大家还认为最精彩的，也最出色，也最繁重的"欧洲名著选读"。这门功课是从全部西洋文学史上，上起希腊，下迄近代，选出十部最重要的名著，每个念文艺的学生必读的，数千年遗留下来辉煌的文艺经典，由十位有特殊研究和兴趣的教授分担讲解。再由学生自己在课外精读这十部名著，或作报告，或撰论文。这十部名著的分担教授和先后排列，我记得是这样的：钱锺书先生的《荷马》、吴宓先生的《柏拉图》、莫泮芹先生的《圣经》、已故吴可读先生（Pollard Urguhart）的《但丁》；陈福田先生的《薄伽丘底十日谈》；燕卜孙先生的《塞文提斯底唐吉诃德传》；陈铨先生的《歌德浮士德》；闻家驷先生的《卢骚忏悔录》以及叶公超先生的《托尔斯泰战争与和平》和《杜思托益夫斯基底卡玛拉佐夫兄弟们》。这十部书竟像十块色彩、形相、质量都不同的巨石那么无情的压在我们的心头，整整压了一年。那一段日子，我们过得很沉重而又很愉快。我还依稀记起来，多少个深夜，坐在硬板凳上，在摇曳的鹅黄色的烛光下，展读那一部部的文艺经典——那些名著各有一个新天新地，各有一番精神的投生。像一个渺小、苦辛、长途跋涉的香客，向瑰丽的经典宝山，作一番番惊喜的探寻和漫游。——荷马史诗的神奇和浩瀚，我曾谛听向长街弹唱游行的，那个盲诗人底七弦琴音。追随着他永生的诗行，我跌落在那个小亚细亚洲上不幸的王国底宫墙边。或想像当年一个金苹果竟闯下那一场涂炭生灵十年的战祸，那个希腊绝代美人海伦能有多大的魔力使天下的英雄，同声齐起，执干戈而效命沙场！而优里塞斯浮沉海浪二十年漂泊的生涯，在我脆弱的心灵上，投下鲛妖婉亮的歌声，和食莲实人底惊异的影子……或者在我的面前，呈现着古希腊欢乐的游苑，老年的哲人在琴书，美酒，弦歌之间，款待我们，以那一席烨炫的宴话……或者我一不留神，跌进黑黝黝地狱的深渊。在忘川畔，我偷饮了一杯遗忘过去的苦水……或者听着秋窗外的风声，突然有人叩门，那是梅菲托菲里斯底夜访。——呀，那些长长的，又摇摇的影子。什么是歌德底"Dichtung and Wahrbeit"（注七）？什么是生活的英华？什么值得我们永恒的留恋和沉醉！

于是我又往前走，带着一颗被意大利炽烈的日光炙昏的心，静听薄伽邱一串串美丽的故事。或者走进另一个光华明净的人世，我发狂地读着一卷卷的"卢骚"。在那里，我把自己交还给寥阔的芬芳的大自然。在蓝天的覆盖下，我修补着我刺破了的行装——一切都是平静，一切都是舒快！……最后，我在燕卜孙先生的《唐·吉诃德》里，更恢复了年轻的热力。在波澜壮阔的人海边缘上，挥动长矛，人生底悲欢，时代底嘲讽，爱情底茜色的羽翼。我跟着吉诃德先生斩倒了那可恨的风车。——我曾听叶公超先生说过燕卜孙先生最喜欢读《吉诃德先生传》，这恐怕也是一个快乐的偶合，一种神秘的因缘。我们深深记住燕卜孙先生上课时那股热劲儿和手舞足蹈的表情。有些时候，他在黑板上写字，忽然跑到窗口，用粉笔尖在玻璃窗扉上叮叮地鼓响，或打开窗子，对云天凝视了一会儿工夫，又跑回来在黑板上继续写字。有时候，低下头念一行行的诗句，突然抬起头来，向着大家，嘴里不停地流出一串串的话语。那一双蓝灰色的眼睛向上翻动，好像他跟空中的精灵对话：或者像莎翁戏曲里的角色的独白。有时候，他将粉笔擦放进自己的外衣的口袋内而满处寻找，"喔，喔……"又是生气，又是迷惘，向各处找了一下，绝望了，他毅然举起一只他西装袖子死劲地擦着黑板。……有些日子，淘气的粉笔灰抹了他一鼻子。远远望去，活像一根红萝葡上长了白根须。还有，诗人喝酒以后，那份热喇喇的激动和豪放，对酒悲歌，座若无人的谈笑……这一切真叫人联想到那个西班牙的英雄，热肠、幽默、玩世的大好人吉诃德先生。——幸福的吉诃德先生，幸福的燕卜孙先生！

在昆明有一个时期，燕卜孙诗人跟法国邵可侣先生（Recls）一同住在北门街一座西式的洋房里。那座洋房十分漂亮，三四间明敞的房子巍然立临于一片很小丘山青紫的岩石上。房子的周围是一片很广大秀丽的花园，有堆积纡回的假山的精巧，有亭台幽曲的雅致。

有一回他邀请我们四五个同学到他家里玩。

五月中旬一个明朗的熏风习习的下午，我跟大伙儿走进了他们的客厅。有一份强烈异常的感觉。室内的陈设和装饰都带有十足法兰西的风味，洞开的明窗畔低垂着草绿的纱帘子。靠右手，摆着一架大钢琴。琴上面的白墙上挂了一张十九世纪法兰西一代风流美人 Madame de Recamier 底半身画像。房子中央安置一张茶色的长桌子。后面的墙壁又开了二扇小门通到西间小小的耳室。里面各有一个书架子，堆了许多法文的书籍。壁炉静静地埋伏着，像叹息自己过时的命运。有一只肥大的暹罗猫倦卧在壁炉底下，做着异国的清梦。——我觉得那天诗人特别高兴，给我们预备了不少茶点，红茶，香烟，和二瓶云南土产杂果酒。我们一面品茗吃东西，一面随意谈笑。燕卜孙先生告诉我们不少西洋文艺与哲学的故事。他对于西洋文艺的掌故以及每个作家的生平与逸事都非常熟识。他说他最喜欢读约翰·唐（John Donne）、勃莱克（Willam Blake）和白朗宁（Robert Browning）等家的诗。于法文诗中，他最推崇的是鲍德莱（Charles Baudelaire）。他能够背得出大部分的《恶之华》（Les Fleurs du Mal）。

站在诗人客厅的窗口，我记得可以眺望昆明翠湖一带优美的风景。五月昆明的阳光是明朗的，温柔的。五月的蓝天，娇蓝得可爱。燕卜孙先生的园子里已盛开着紫色的藤花。远远望着翠湖在日色与树影下，袒露着绿谷的胸怀，湖上的睡莲已放射出一柱一柱粉红色的花朵。湖畔的杨柳间，飞腾着轻烟一般的嫩绿。我们与燕卜孙先生凭窗眺望：

And vision as poetic eyes avow,

Cling to each leaf and hang on every bongh. （注八）

窗扉犹如一扇灵魂的眼睛，又如一条桥，从室内的心灵通向户外的风光。那天，诗人的红鼻子轻摇在窗棂上，给我们打开了精神的远景。他底微笑，他底英国风的幽默，和他底谈天的声音，到如今我还仿佛记得那天傍晚，诗人朗诵济慈（keats）的《秋曲》的音调。在我的记忆里，还回荡着那悠长又清彻的声音——Esto perpetua！（注九）

写到那里，我抓了一个方便，乘机打开诗人底另一扇窗子吧——那是燕卜孙先生底诗歌创作与批评的窗子。

在英国现代诗人中，燕卜孙先生算是最难懂的一个。然而，有的批评家说过，他底“艰深”正是他底“优点”。年青的热肠人，在这样复杂，变换多端，古老又新奇的世界里，看到社会经济动荡的现象，政治的分歧和转向，以及智慧对于宇

宙与人世的思索探试和解释。他用他底音乐和优越的技巧刻画
下来一幅幅光彩的远景。我们一谈起现代英文诗，便会马上在
眼前浮现一群年轻诗人微笑或严肃的面影。他们都热爱着生
命，正视一切；他们辛苦的工作，欢快的跋涉；他们需要的是
阳光和自由。他们是要了解各种、各色、各样的人世，像一池
涟漪的水，他们包容从各方面投射来的影子。在他们的前面，
走过神秘、象征、多幻想的爱尔兰诗人夏芝——他是那一代的
诗坛的宗主。在他们的道路上，又开展一片广漠而深沉的"荒
原"。深刻壮厚的 T.S. 艾略忒在远方闪烁着灿烨又飘逝的光。
在艾略忒所建筑起来的诗底庙堂里，这一群青年诗人各找到了
心灵的投宿与诚恳热忱的信心。但是，"荒原"到底是冷落辽
远了，他们这一代从"荒原"回到社会与工厂，从远日点回到
炽烈的近日点。而更伟大的是他们看出了人类不可避免的悲惨
的屠杀——战争的影子早已落在他们底诗篇上。他们更实际的
参加了战争：裘连·倍尔（Julian Bell）从中国跑到西班牙。为
了正义和人道，为了自由与幸福，而死在马德里的战场上（注
十）。W.H. 奥登（Auden）和伊涣乌德（Isherwood）从英国
来到战时中国，而带回去血腥腥的中国的现实（注十一）。而
我们底燕卜孙诗人更亲切、深刻、实在的看到了战时中国的一
切，跟随着一个大学底流迁而遇到各种的辛苦与困难。在昆明
那末猛烈的轰炸下，燕卜孙先生更可以了解这一时代的意义，
硫磺火药的气味已加速了诗人的韵律（注十二）。

　　燕卜孙先生诗集单行本并不多，我只见过三种，其中有

一种，是他在日本教书时印行的。事实上，他写的并不多，而多半分散在各种选集和杂志上。夏芝编底《牛津现代诗选》里，只有他一首《蜘蛛》诗，这首诗可说是他哲理和艺术最纯美的表现；也是他底特异的技巧最成功的一首。《剑桥诗人选集》第一卷，选了他几首比较柔和清明的诗，但是最重要的选集，要算 M. 罗伯慈（Michael Roberts）编的《新歌手》了（原名是 New Signatures，我以为译成《新歌手》较佳）。这部集子一共包括九个诗人：W.H. 奥登；裘连·倍尔；路易士（C.Day Lewis）；艾勃哈特（Richard Eberhart）；燕卜孙；约翰莱曼（John Lehmann）；普乐曼（Wjlliam Plomer）；史悌芬·史本德（Stephen Spender）和特司蒙德（A.S.J.Tessimond）。这几位诗人泰半是牛津大学或者剑桥大学出身，都是相知的先后同学。而且他们一伙人的诗多少有相同的地方。而最显著的莫过于他们共同努力来开拓一个崭新的诗园——新的技巧，新的意识和新的形象。《新歌手》集的诞生在现代西洋诗的发展史上占了极重要的一页。它代表一个诗底新时代的开始。有些批评家直认为一九三二年《新歌手》的出版正好相当于一九二五年艾略式《荒原》的产生。我们可以明白看得出来《新歌手》集给予当时以及后来的影响。叶公超先生曾说过："现在的英国诗只有'艾略式派'与'非艾略式派'二种。"见《荒原》中译本叶序）这是对的。不过以《荒原》开始的英诗底革命到如今不觉有了二十余年的路程。这些年岁中更产生了不少新的诗人，不少的新流派，而《新歌手》底诗人集团可以说是在艾略式的《荒原》上所茁长起来的最美丽馥郁的花枝，也是文艺新传统中的巨流中一片最汹涌壮阔的波涛。约翰.莱曼在他那本《欧洲新作品》（注十三）小册子中好像说过这样的话："《新歌手》集打开更广大的读者的眼睛，使他们看见这个事实。就是说，一个惊异的变化已经实实在在在英国诗中产生了。"这本选集里载了燕卜孙先生的六首诗。我以为《最后的痛苦》,《书简》和《诗》这三首诗最值得一读，最能表现燕卜孙先生底优秀的新鲜的艺术。

现代的西洋诗，一般说起来，都是晦涩难懂的，令人不易捉摸。深奥又朦胧，像堕入五里雾。而燕卜孙先生的诗尤其是烟雾深处的警笛。你只能隐隐约约地听到那辽夐悠回的声音，而不能真确迅速的把握他底意义的明朗。这一方面固然是由于现代诗人底想像力富强复杂；联想离奇而迢远。同时联想与想像的线索往往斩断而不连贯，使读者"无迹可求"，好似花枝上的月影，因风摇落，成为支离的碎片。在另一方面说起来，现代诗人底经验与感觉跟一般人不同，而他们对于社会，政治，经济等等的注意与兴趣，更使他们的观察深入一层，他们底诗更带有一种新鲜的色彩，更使他理智的明辉来探照人生最深沉的角落，用"科学"，用"理智"来解释探索宇宙、人生、社会的现象和真实。他们是放逐了"抒情"。在前一代诗人（如哈代，霍思曼 A.E.Housman 等等），和他们这新一代之间，显然有着一条精神与认识的鸿沟。

M.罗伯慈在《新歌手》的序文中曾指出燕卜孙先生的意

象和观念是玄学的。这点就证明了燕卜孙先生受了英国十七世纪诗人深刻的影响。"燕卜孙先生的晦涩是由于一种必要的压迫，并不是由于偶然联想底运用。"另一个批评家，我记得是莱维斯（Leavis），说"燕卜孙先生的诗是智慧的光辉，在现代英国诗史上，他无疑占了很重要的位置。"

除了诗作以外，燕卜孙先生还写了一部著名的批评杰作——《诗中七种暧昧论》（Seven Types of Ambiguity）。我们知道燕卜孙先生是当代心理批评家瑞恰慈（I.A.Richards）的大弟子。（听说燕卜孙先生来北大教书，还是瑞恰慈介绍的。）他便善用了瑞恰慈底批评理论体系，写了这部名著，书中繁征博引，剖析入微，确是一部文艺批评的力作。听说能完全读懂这部书的人没有几个，可见他的精工深邃了。诗人不但对于文艺、哲学有极高深的造诣，而于数学一道，也非常精通，听说他在剑桥时，还以"数学"出名的。他对于数学的兴趣与爱好实在不下于文艺。在他所有的书籍的空白上，我们时常可以看见他平日演算微分方程式或解析几何等的题目。我有一次在他所借给我的一部法国梅拉美（Stephade Mallarme）诗集的扉页上，发现了他用三种以上的颜色铅笔演算一份几何难题，而在那本书的边缘上又草草地涂写了几行诗句。

在联大教了二年多的书，燕卜孙先生老是穿着他那身灰棕色的西装和一双破旧的皮靴，尤其当昆明的雨季来了时，诗人时常撑了一把油纸伞，挤在一群叮当响着的驼马队间行走，泥泞的街道和淅沥的雨声似乎更添了诗人的乐趣。一块块的污泥巴沾满了他的西装裤。（裤管皱卷起来好像暴风雨过后折了绳索的风帆。）他毫不在乎，也不换洗。天气晴朗时，一样的穿了来上课……写到这里，我忽然想起叶公超先生说给我们听的，诗人当年在剑桥读书时的两件旧事。我想不妨补叙一下。

（这姑且算做我这篇回忆文章中二段插话吧。）

有一天，燕卜孙先生在寝室里对着镜子括胡子，满脸是胰子，正在上劲的时候，有人偷偷的把他一盘热水拿走了，他回头找不到那盘水，又是着急，又是迷惑。忽然若有所悟似的，跑到书桌上写了一封短简给他底母亲：

"Dear Mamma, They have taken away my water, what shall I do？"

第二件是说他有个夜深，酒瘾发作了不得不设法偷出去，向街上沽酒。可是那时，学校大门已紧闭了，大家都已熟睡。于是，我们的诗人情急智生，想法用一根粗绳子，从三层楼窗口，悄悄爬下来。刚刚落了地，便被一个守门人发觉了，跟着追过来。于是诗人把外衣蒙住了头脸，拼命的逃上街心，向黑暗处一股劲儿的跑。而后面那老家伙拼命的追赶。（我们可以想像那会儿诗人该多狼狈！）结果，总算幸运，没有被追上，第二天一早，他才溜回宿舍里去。谁也不知道昨夜他受了一次逃亡的虚惊。

燕卜孙先生虽然有那么多幽默，好玩，可笑的故事，然而他是一个热烈的真实的生命底追求者。诗人之所以为诗人，并非由于那一些离奇古怪的行径，或者浪漫的情调，而是具有庄严又热情的心肠，狂热地生活着，探索人世和宇宙的一切。而且，一个真实的诗人必须种植在真实坚固的生命底泥土里，才能产生永生的诗篇，燕卜孙先生虽然不修边幅，不像其他那些英国绅士似的正经和拘谨；虽然他成天衔着烟卷儿，或爱恋着酒瓶，成天念书，像一个书呆子，但是他对于人生事物的观察、了解，他底智慧和见地，和一颗热辣少年人的心以及文艺方面的修养，终于使他成了一个现代英国著名的诗人。也就因为他是一个彻头彻尾的，真实的，追求光明和自由的诗人。所以当欧洲风云谲幻，战祸迷漫，英国受到纳粹直接的威胁的时候，我们底诗人便把他全部藏书送给联大图书馆，拖着他那双破皮靴，日夜兼程，赶回他底祖国了。（注十四）

后来不久，当第二次世界大战的序幕揭开，英德二国正式交兵的时候，他曾从英伦的狂炸中，穿过千山万水，送来一个信息：说他自己已正式入伍，被遣派在英国一个情报机关工作！

写到这儿，诗人那根希腊型的红冻冻的鼻子和他那双蓝灰色的，闪耀着秋雾一样的银光的眸子又浮现在我的眼前，（还有那一些过往的美丽的情景）那末，我就祝福燕卜孙先生与他底红冻冻底鼻子底平安无恙吧。

——（一九四三年春正月于柏溪中大）

附注：

注一：夏芝（或译叶慈）编的《牛津现代诗选》，出版于一九三五年。从哈代选起，一直到最近的新诗人。这部诗选可说是现代英美诗一个最重要、最有价值的结果。（虽然不是最完满的。）该书还有一篇夏芝的长序，也是论现代诗极珍贵的文件。

注二：见卢骚《忏悔录》（Les Confessions）。"有些印象，不是时间，也不是境遇，所能涂抹掉的。"

注三："南岳分校"是长沙"圣经学院"夏季的别墅和读书的地方。当时联大理工法等学院租"圣经学院"为校址，文学院则在南岳。

注四：见莎士比亚的《汉姆雷特》。

注五：见姜夔（白石）《扬州慢》一词："淮左名都，竹西佳处，解鞍少驻初程。过春风十里，尽荠麦青青。自胡马窥江去后，废池乔木犹厌言兵。渐黄昏，清角吹寒，都在空城。杜郎俊赏，算而今重到须惊。纵豆蔻词工，青楼梦好，难赋深情。二十四桥仍在，波心荡冷月无声。念桥边红药，年年知为谁生？"

注六：见庾信（子山）《哀江南赋序》。

注七：歌德自传原来的名字——《诗与真》。

注八：见格雷（Gray）给何雷思·汪尔波（Horace Walpole）的书简。大意："梦幻，像诗人所能明言的一样，缠恋着每片叶子，悬挂在每条花枝上。"

注九："愿它永远存在"，或"愿它永生！"

注十：见伦敦荷格斯书店出版的裘连，倍尔的《诗、散文、书简》集。

注十一：见奥登与伊涣乌德两人合著底《战地旅行杂记》（Journey to a War）。内有诗和散文，是战时报告文艺的一部名著。

注十二：燕卜孙先生在昆明时曾写了好几首诗，描写战时中国内地的情形。但未发表。燕卜孙先生要写首长诗，来叙说中国社会一种极不合理的畸形现象。诗人觉得中国少数一部份人的消费是二十世纪式的。但是，大部分人的生产方式还是十七、十八世纪式的。诗人十分不了解中国这一层生活关系。

注十三：约翰·莱曼著《欧洲新作品》（New Writing in Europe），这是一部介绍、报道、评述最近的欧洲文艺作家及其作品的名作。

注十四：燕卜孙先生是民国二十八年夏天离开中国的。他离开昆明前，我同班同学曾请他吃饭，那天我因有事，没有去。现在想起来，十分懊悔。我真诚的热望，不久的将来，我会有再和燕卜孙先生见面的一日。

// 记张荫麟

吴 晗

在九年苦战中，倒下去无数千万的战士，是他们的血和生命，换取了民族的解放。这些战士，他们的名字不为人所知，他们的功绩被少数人所篡窃了。

在九年苦战中，倒下去另一些值得后人纪念的人物，他们坚守着岗位，忍饥受寒，吃下去的是草，却用奶来养育下一代的成员。他们被贫穷，被疾病所浸蚀，放下笔杆，永远不再说话了。如今，这些人的名字也渐渐在湮没中。

在后一类人物中，我的朋友张荫麟是其中的一个。

荫麟死去已经四周年，十月二十四日是他的四周年祭。

在他死后的两星期，在昆明的朋友曾经有过一个追悼会，此后几年似乎大家都不大想得起这个人了。

在他死后的一个月，我曾经写信给浙大张其昀先生，表示愿意替荫麟整理并出版遗作。张先生回信说，这些事浙大都在做，无需重复了。不久之后，张先生去美讲学；隔了两年，张先生回国，荫麟的著作似乎毫无消息，到今天还是如此。

荫麟生前已刊的书，为青年所爱读的《中国史纲》，被某书店所盗印。这书店的主持人似乎还是荫麟生前的同学。为了这问题，我和贺麟先生曾几次去信质问，得不到肯定的答复，到如今还是悬案。

最痛心的一件事，为了给荫麟留个永远纪念，我和贺麟先生、冯友兰先生一些朋友，在那生活极端困难，教书人无法撑下去的年代，一百元二百元地募集了一万元基金，决定在清华大学历史系和哲学系合设一个荫麟纪念奖学金，以利息所得大约每年二千元来补助两系的高材生。因为金额少，而荫麟又兼两个系的工作，因之，决定两系轮流，隔年补助。这笔钱交由冯友兰先生保管。可是，如今，不但每年两千元的补助无济于事，即连基金总数也不够一个学生一星期的伙食！想想当年，从一个穷教授口中挖出的一百元，却够他一家一星期的生活费！

去年我得到消息，荫麟离婚的夫人又结婚了，两个孩子也带过去抚养。浙大复员回杭州了，荫麟的孤坟被遗忘在遵义的郊外，冷落于荒烟蔓草中。联大复员回平津了；荫麟生前所笃爱的藏书，仍然堆积在北平东莞会馆。

这个人似乎是被遗忘了。

为了他生前的工作和成就，为了他的书仍然被青年所喜爱，我想，这个人是不应该被遗忘的；虽然，就我个人说，恐怕终我这一生，也很难对这样一个人失去记忆。

我愿意向社会，特别是学术文化界，尤其是历史学部门的朋友，提起张荫麟这个人，他的一生。

荫麟于民国三十一年十月二十四日，病殁于贵州遵义浙江大学。致死的病症是慢性肾脏炎，距生于清光绪三十一年十一月，享年仅三十七岁。

荫麟是广东东莞人，由于早年求学和中年作事都在北方，说一口普通话，相貌和眼神也看不出来是广东人。晚年脸色老是苍白，到死后，我们才明白那是患肾脏炎者所特有的一种病态。

荫麟自号素痴，投稿多用为笔名。这个号是相当恰当的，在这样一个社会里，他那种专心一志，心不外骛的神情，是合于"痴"这个字的意思的。

他天分特别高，聪明、早熟，在清华学堂当一年级生时，就被同乡学者梁任公先生所赏识，以为将来必有成就。他在报纸和国内第一流专门学术刊物上所发表的文章，不知道的人还以为作者是位教授呢！

一九二九年毕业后到美国斯丹福大学学哲学。一九三三年回国任清华大学历史学系教授。一九三五年受教育部委托，主编高初中及小学历史教科书。芦沟桥变起，只身南下，任教于浙江天目山的浙江大学。不久，返东莞原籍。由北大南开清华三大学所合组的国立西南联合大学在昆明开学，又来昆明执教。一九四〇年应遵义浙江大学之聘，到贵州讲学，一直到死在他的讲座上。这是荫麟一生的学历和履历。

荫麟早年在清华就学时代，对中西文学、历史、哲学都曾下过功夫，经常在《大公报》文学副刊、《时代思潮》、《学术》、《燕京学报》、《清华学报》发表著作，文笔流利生动，才名震一时。从美国回来后，治学重心一变，专门研究历史。他常说只有国史才是一生志业所在；过去弄哲学，社会学，无非是为历史研究打下根基。学哲学是为了有一个超然的客观的广大的看法，和方法的自觉。学社会学是为了明白人事的理法。他的治史方法是从作长编下手，以为宋李焘所著《续资治通鉴长编》。搜罗史料多，辨别标准严，不苟且，不偏徇，是历史上最科学最有意义的大工作。

他创编高中本国史的计划，第一步是拟目，先把四千年的史事分为数十专题。较量轻重，广征意见，修改了多少次才定局。第二步是分工，汉以前由他自己执笔，唐以后归我负责。其他专题分别邀请专家撰述，例如千家驹先生写鸦片战争后的社会变化，王芸生先生写中日战争等等。第三步是综合，稿子都齐了，编为长编，再就长编贯通融会，去其重复抵牾，不重考证，不引原文，尽量减少人名地名，以通俗明白之文笔，画出四千年来动的历史，目的在使此书可读，使人人能读此书，不但熟习国史，而且能有一个客观的看法。这工作前后搞了两年，长编完成了大半。芦沟桥战起，荫麟先走，没有带出一个字。四十天后我也到了昆明，设法誊录长编成稿已经发表的一部分。不久荫麟也到昆明来了，住在我家，见了这录稿，高兴之至，立刻补撰第十章改制与易代和自序，作为《国史大纲》第一辑，也就是现今坊间刊行的本子。不知怎么弄的，也许是荫麟的不小心，作者署名是杨荫麟，我见到这书时，荫麟已去遵义，没有去信问，荫麟也就听之，不去更正了。

自序指出这本书的标准有四：一、新异性的标准（Standard of Novelty），史事上有"内容的特殊性"，可显出全社会的变化所经诸阶段，在每一阶段之新异的面貌和新异的精神者。二、实效的标准（Standard of Practical Effect），史事上直接牵涉和间接影响于人群之苦乐者。三、文化价值的标准（Standard of Culture Values），即真与美的价值，文化价值愈高者愈重要。四、现状渊源的标准（Standard of Genetic Relation With Present Situation），追溯史事和现状之"发生学的关系"，而不取过去史家所津津乐道的"训诲功用的标准"（Standard of Didactic Utility）。以为近代学术分工，通史的任务不在着重鉴戒或模范，和别的学门重床叠屋。经过这四个标准的取材，还得贯通以四个范畴来驾驭"动的历史的繁杂"（Changing Historical Manifold）：第一是因果的范畴，第二是发展的范畴，这两范畴是并行不悖的。发展的范畴又包括三个小范畴：一、定向的发展（Teleogical Development），二、演化的发展（Evolutional Development），三、矛盾的发展（Dialectical Development），兼用此四范畴，期于将历史中认识上的"偶然"尽量减少，才能圆满完成历史家的任务。

　　他又以为过去我们所受的历史教育，小学有一套国史，从三皇五帝到宋元明清；初中又有一套，亦是从三皇五帝起到宋元明清；高中再有一套；到大学还是这一套。譬如四枚镜子，大小虽然不同，可是所显出的还是一模一样，原人、原地、原事，这实在是浪费青年的精力和时间，被强迫重温再温可厌倦的一套相同的杂凑的机械的史实。而且，人名地名数量之多，也使人疲于记忆，懒于翻读。要矫正这缺点，必需从根本来改变各阶段课本的内容，第一、小学国史应该以人物为中心，选出国史上可以代表每一时代精神的人物，譬如说吧，由孔子到孙中山，用写故事的体裁，烘托以每一时代，应该知道的大事。第二、初中国史以大事为中心，分两册，一、民族篇，述中华民族之形成和先民的业绩（摒弃大汉族主义一套的理论）。二、社会篇，述社会、政治、经济、一切典章制度的演进，生活的进步，事为首尾，互相沟通。第三、高中国史，以时代为次，综述人、地、事，融会而贯通之。这三套有一个共通原则，就是要求其可读，文字和内容都要通俗生动，能够吸引读者，使之愈读愈有味，才算合于标准。

　　荫麟的治史方法论和历史哲学大体上就是如此。

　　荫麟不是一个世俗的收藏家，不大讲究版本，可是生性喜欢收书。限于财力，收藏的书其实不够多。留美时省吃省穿，剩下的钱全给弟妹作教育费。到在清华服务的时候，才能有一点点剩余的钱收买旧书。开头装不满一个书架，慢慢的有好几排书架了。到离开北平前，他的小书房架上、桌上、椅上、地板上全是书，进出都得当心，不是碰着头，就是踩着书。所收的以宋人文集为最多，大概有好几百种。又在厂甸、隆福寺各冷摊搜集辛亥革命史料，得一百几十种，打算继续访求期以十年，辑为长编，来写民国开国史。一九三七年春天，我们一同跟着清华历史系西北旅行团，到长安、开封、洛阳游历，我在开封相国寺地摊上，偶然得到排印本的《中兴小纪》，记清同治史事的，传本颇不多见。荫麟一见便据为己有，闹了半天，提出用四部丛刊本明清人文集十种对换。我看着他那贪心样子，只好勉强答应。荫麟高兴极了，立刻塞进他的行李袋，再也不肯拿出来。回校后我去讨账，他在书架上东翻翻西翻翻，翻了大半天，都不大舍得，只拿出《牧斋初学集》、《有学集》两种塞责。几个月后，清华园成天成夜听见炮声，荫麟也在日夜踱踱书房中，东摸摸，西靠靠，看着书叹气，最后才一狠心，告诉我尽量搬吧，尽量寄出去吧，只要你搬得动，寄得出去。到他离平后，他夫人一股脑儿给搬进城，到今天，他的书还寂寞地堆在原来的地点，无人过问。

收书之外，清谈也是他的癖好。凄巧我们两人在图书馆的研究室只隔一层墙，他懒散惯了，书桌永远乱糟糟一大堆，便成天到我房里，又不肯规规矩矩，一屁股坐在桌上，或者斜靠着圈椅，两只脚平放在桌上，一面大抽其纸烟，随吸随吐烟圈，喷得满屋子乌烟瘴气，一面敞开谈锋，从大事到小事，从死人到活人，从生人到朋友，从哲学到历史，无所不谈，谈必谈到兴尽，有时甚至忘了吃饭。有时我厌倦了，他觉得无聊，拿起笔就替我改文章，一把小剪子，一瓶浆糊，贴来贴去不厌烦，搞完就拿去给《大公报》"史地周刊"，凭你愿意也罢，不愿意也罢，他全不管。有时被改窜得生气，吵开了，还是不管。我常笑他好为人师，他笑着说去年你假如选我的课，我还不是夫子大人，由得你吵嘴？

也许是哲学书念得太多吧，喜欢深思，在大庭广众中，一有意会，就象和尚入定似的，和他谈话，往往所答非所问，不得要领。生性又孤僻，极怕人世应酬，旧同学老朋友碰头也会不招呼。肚子里不愿意，嘴上就说出来，有时还写出来，得罪人不管，挨骂还是不管。读书入了迷，半夜天亮全不在乎。有几次我去看他，在沙发上把他摇醒，原来上一夜全没睡，不知读到什么时候，一迷糊就睡在沙发上了。

晚年研究重心又一变，专意宋史了，已写成的论文有六七篇，都很精警，有独到之处。

荫麟的性情、兴趣就是如此。

荫麟生活的俭朴，在朋友中也是知名的。从美国回来，有春冬两套衣服，结婚时也没有添制新的。不能喝酒，可是偏爱吹烟，烟不论好坏，只讲究越便宜越好，因为横直是吹，不吸的。在昆明住在我家里的时候，在护国路桥头买百寿纸烟数百包，一包值洋三分。房间里满地板全是纸烟头。有好几次吧，忽然看见有好烟，居然吸了半支，一会儿便撑不住了，说是醉了，一而再，再而三，也满不在乎。胃量极大，一顿能吃半斤肉，常吹留美学会了烹调，在我的北平寓所，自己买了两只子鸡，亲自下厨，弄得满头大汗，半身油腻，到吃饭时，却咬不动，嚼不烂，毫无滋味，大家笑了半天。买了一顶新呢帽，出去作客丢了，下次再买一顶鸭舌帽还是丢了，从此只好不戴帽子。结婚后第二天出去拜客，回来走到隔壁人家，看见主人，连忙说对不起，累你久候了，主人莫明其妙，过了好一会，才明白他自己是客人。下午我去看他，正满手是泥，蹲在地上抟土做假山，说是把朋友所送的花圈的花来布置花园，好极妙极。我更正说是花篮，他也觉得不对，可是口头还是倔强，掉口文说："圈与篮虽不同，而其为花则一也。"朋友闹他，给起一外号，叫张文昏公，他无法赖，也一一给朋友起外号，文迂公、文迷公之类，把人家书桌上窗纸上全写满了。他还挖苦我，如你不幸早逝的话，我一定会编印遗文、墓志、行状、传记之类，一概负责到底；当然，我也照样还他一嘴。到今天想来，真不禁热泪盈眶，谁又能料到十几年前的恶谑竟然会成为语谶，这四年来我几次为他写哀悼追忆文字呢？

荫麟死后的一个月，《大公报》替他发表一篇遗文，大意是对现实政治的控诉，天下为公恰恰是反面，选贤与能呢，选的是不贤和无能，举出实证，文笔很犀利。王芸生先生似乎还加了一点按语，大意说是因为是死者的文字才能发表吧。

荫麟早年即患心脏病，一登高就心悸，同游华山时，攀登铁索，那闭目摇头的情形，惹得游侣齐声哄笑。死，不料偏死于肾脏病。平时营养坏，离婚后心境坏，穷乡僻壤医药设备坏，病一发就非倒下不可，非死不可。假使没有这战争，假使这战争不能避免，而有一个好政府，或者是不太坏的政府，能稍稍尊重学者的地位和生活的时候，荫麟那样胖胖茁壮的身体，是可以再工作二十年以至三十年的。

中国的学者如此的希罕，已有成就的学者如此的被糟蹋，被淘汰，荫麟就如此寂寞地死去，寂寞地被人遗忘了。

但是，我仔细想想，从荫麟身后发表的文字来看，假如这一年他不死于穷病，再多活三四年，再多受些磨折、考验、洗炼，恐怕他还是得死，不过死法不同，不是死于穷病而已。

呜呼！我又能再教呢！

十月二十四日

附记：这篇文章是荫麟死后一个月写的，原作是文言文。当时为什么要用文言写，现在已经想不起来了。发表在《人文科学学报》上。这刊物似乎除了在西南的朋友而外，别的地方很不容易看到。

过了四年，回到北平之后，又是荫麟的四周年忌了。心想总该有人有什么文章提到他吧，出乎意外地似乎都忘记了。真不禁感到寂寞、凄凉。费一个晚上工夫，用白话改写，因为原来有底子，这工作等于翻译，吃力而不讨好。荫麟如健在，一定要大改一阵。可惜，他永远不会了。

谢谢《大公报》，肯匀出地位来纪念这个人——《大公报》

的老朋友和作者。

三十五年十二月三十日晚补记

选自《史事与人物》一九四八年七月生活书店初版本，"附记"前的内容又载于一九四六年十二月十三日天津《大公报》及《人物杂志》一九四八年第一卷第十一、十二期合刊

// 三腿教授潘光旦先生

佚　名

　　假如你是一个注意新文化运动的人，你会知道潘光旦先生的大名的。又或者你曾读过他的文章，听过他的演讲。有时候，你对于他的意见会格格不入，或是觉得新奇无比，你却很难加以有力的反驳或申引，因为面对着他那流畅的文笔和引经据典的雄辩，你是无可奈何的。

　　潘先生是一位富有风趣的人物，庄严而和谐。他不但在中国古学里发掘了好些中国文化的底蕴，还吸收了多少西洋文化的精英，就是由于这个背景，他主张要做通人，不要做专家。中国的"人事制度"在他的心里是透彻的，所以他不但是一个好教授，而且是一个最有办法的行政家，因此他总是稳坐在清华教务长的席上。

　　在美国，他专攻生物学，但他没有成为生物学专家，却赞成把生物遗传的原理推演到人类的选种上来。他讲究优生，当他在清华学校念书的时候，他的脚曾被足球校队选上过，但在美国，却给医生锯去了一只，然后加上两只木腿在他那两腋下，共策进行。我没有研究过他那只断腿究竟是由于后天的折损呢，还是由于先天的缺陷？

他是知识妇女们的"死对头"，我常常听见背地里有人在批评他。他承认男人是创造文化的"专家"。因为女人都能缝衣，能做饭，而成衣和名厨师都不是女人，可是，他更劝女人不必悲观，因为男人虽然是"创造文化的人"，而女人却是"创造创造文化的人"。

他常穿西装，西装背心总是那件云南马夫通用的羊皮马褂。皮鞋必须是订做的，因为要买一双，结果便会事倍功半。听说一种神经过敏的人对于任何刺激都是应接不暇的，就连楼上的人脱鞋落地的声音也要偷听。假如第一次鞋声响了，他会聚精会神地去等候第二声的降临，如果没有下文，他便辗转反侧，终夜不寐。要是潘先生住在这类神经病患者的楼上，那么此公每晚的睡眠状况我们是可以想见的了。

他穷，但他享受了人生最大的乐趣。他常常是一副笑脸。有一次，他请梅校长吃早点，他领头，一步一步地跳进一家小米线馆（注一），那是最小最脏的一家。梅校长跟在后面，踌躇了一下，他却泰然自若地吩咐着："两碗焖鸡米线。"当他从美国念书回到上海的时候，他身上只剩五分钱。可是，他荣誉地带着一把金钥匙，（注二）现在，他仍旧带着那把金钥匙，在那里埋头研究，教诲青年，因为他相信人生真正的快乐是在友爱、服务和找寻知识。他不懂压榨和统制。

附原注：

（一）米线是饭米做成的食品，四川叫做米粉，云南叫米线。

（二）金钥匙（Golden key）是美国大学赠予最优秀学生的荣誉纪念品。

选自《现代周刊》一九四五年一月十三日第二版

// 马约翰访问记

张 复

　　提起体育界的老前辈马约翰先生，恐怕上海体育界的人士没有不知道的。马先生在民国二十七年随联大来到了昆明，如今联大已开始迁校，记者特别走访马先生谈谈最近体育界的问题，马先生是清华大学最老的教授，服务了三十二年，从来没有一天离开过岗位或是想离开他的岗位。

　　马先生于民国元年，在上海圣约翰大学毕业，民国三年到了清华，民国八年，入美国春田大学专攻医学理化和体育。回国后，在清华起先教的是理化，民国十四年和二十四年又曾两度赴美，先后在美国二十八个大学演讲，所以马先生说："我在美国的朋友比在中国的还要多些。"

　　马先生的体育哲学是不仅要求体格的改进，而且更要养成"体育道德"，换句话说，就是："进取，诚实和敏捷。"他的学生孙立人、顾维钧，都写过信给他说，得力于他的体育训练和体育道德的训练。马先生不仅于此，他还花了不少的时间和精力用在运动会上面，为了远东运动会，他跑过四次日本，四次马尼刺；为了世界运动会，他率领了中国健儿第一次表现了中国人并非东亚病夫，在昆明，每年的全市运动会是他一手筹备的，伞兵和汽车兵团的体育教程是他开创建立起来的。在华北，在沿海，在西南，他不断推动各项体育活动，同时他的活力也随之而带到各处。

在昆明，马先生并不因为头发全白而少做一点事情。他是联大教授，他同时还是市政府的设计委员，惠滇医院的董事，全国体协会的理事，云南体协会的理事，文林堂的理事。此外，每星期五他要在昆明广播电台的空中学校播音，经常还自动在各中学演讲。

对于中国的体育，马先生提出了三个问题：

第一个问题，马先生说："是科学体育问题，体育应该以科学作根据，作基础。"马先生以前是学生理和医学的，有这样主张，是他多年得来的经验之谈。

马先生对于第二问题，他说："这是人才问题，我最着急的就是这件事，献身于体育的青年太少了。"接着他又说："教育部派出的留学生，没有体育的名额，使我伤心，但我自己并不灰心，我要号召全国体育界的人士们和朋友们筹募一笔钱，资助有志的青年，每年选派两名送到美国去深造，现在，我和美国的体育学校已经接洽好了学额。"我们希望马先生的志愿能够实现，这对于未来中国的体育界的影响太大了。

　　马先生最后向记者说出了他的第三个问题："清华的梅贻琦校长已经答应了我将来增设体育系，我现在正一方面在美国物色人才，一方面正在计划，好使它成为全国最理想的体育训练所。"谈到这里，马先生要写一篇论文寄到美国去，记者不便再谈了。

　　临别时，马先生还告诉了我他的爱子马启伟，和他的快婿牟作云，都已经到了上海，在六月初就可以放洋赴美，预备进春田大学学习体育。

　　　　　　　　　　　　选自《周播》一九四六年第十期

// 马约翰在西南联大

斯　静

马先生爱清华。清华园里的一草一木他都清楚，清华园里
的人物几乎都是他的学生。清华园里的传统他最熟悉也最留恋。

抗战来了，马先生也跟同学校迁到昆明，那个边城什么
都很落后，体育的设备尤其很差。马先生继续为联大服务，他
依然秉承着一贯的精神施教。可是联大里那许多贫弱营养不良
的青年，对那个空空的操场，实在缺乏多余的精力去对体育发
生兴趣。而马先生呢？他越是看见自己的学生柔弱，越要加紧
体育的训练。因为马先生相信体育是可以增强体格的，这样同
学有怨言，马先生也不免怅然。

但是，八年中马先生对昆明的贡献却非常的大，他领导
着昆明体育界并和军政首脑合作展开了他所希望的体育教育。
昆明每年就开始有运动会，游泳比赛，各种球类比赛，并且还
创立了一座富丽堂皇的网球会，虽然经常只有盟友和高贵华人

达官公子光临，而在昆明市里却是一个正当娱乐的地方，也就值得纪念。更重要的是马先生又建立了一个体育师范，为云南培育了今后的体育师资。马先生在昆明还热心于一般的教育，他曾担任过天南中学的校长。

在这许多事业中马先生主要的干部是他的驸马——篮球名将牟作云，和他的长公子马启伟，——也是一位运动家，是昆明网球的冠军。他的大女公子也在他的学校里任教，小的儿女都在求学，而二公子则是一位航空驾驶员，据说最近降落延安还发表过反内战的广播。

八年之后，马先生又回到清华了。自成单位的校园，规模宏大的建筑，使得一个人完全可以和城市隔绝，也看不到人民的疾苦，这环境真是一座象牙之塔。

马先生的一生是幸运的，他早期的教育是在上海贵族学校圣约翰，他的家庭是完全的西化而且在中产之上，国外的教育和国内的生活都决定了这老人的道路，使得他毕生都在一条温暖没有风波的路上漫步，做着为民族健康之增进的工作。

这位老人是善良的，他是一个虔诚的基督教徒，配合着特殊的遗传，他有一个健康的身体和健康的心灵，尽管已经过了六十岁了，他一定还有一段悠长的为民族服务的时间，但愿一个转变能把清华体育馆的享受对象扩大给全中国同胞！

节选自《人物杂志》一九四七年第二卷第四期，原题为"体育界老将——马约翰博士"，本书仅节选了与联大有关的一部分。

// 好好先生查良钊

郝 萍

　　金碧路的锡安圣堂中，已经到了不少的客人，当记者走进去的时候，查良钊先生已先坐在第一排。记者是来参加朋友的婚礼，而查先生却是今天婚礼中男方的主婚人。在等待新娘的时候，记者就乘机向查先生探问他的一些生活小事。查先生很高兴，他笑嘻嘻地说："你问我答，我一定详详细细地告诉你。"

　　等记者将他的经历记下来以后，又笑着说："这好像履历片了，让我再来讲几件印象最深的事。"

　　查先生自脱离学生生活以后，到现在已有三十四年了，在这些年岁中，他参加工作的类门有好几种：办学校，当教授，在军队中服务，办理赈灾，参加爱国工作。

　　他是浙江海宁人，但生长在天津，所以他完全具有北方人各种性格，今年五十一岁，看他的外表真是一位善良、和气、诚实、爽直的人。其实就是他的内心，又何尝不如此呢？

在学生时代，查先生就觉得中国需要自主自强。他有强烈的爱国热忱，一九一五年（民四年），为了反对《二十一条》的签订，他曾鼓励同学们起来，表示自己的态度，这是第一次查先生对国家主权完整这点，揭示了他的爱国精神。第一次世界大结束，关于太平洋的问题，列强在华盛顿开会时，查先生正留学美国，担任留美学生华盛顿后援会的主席。"九一八"，"一·二八"两次事变，查先生都努力地做着后援工作。二十一年七月广东方面地方军和海军发生冲突，查先生以上海废止内战大同盟的人民代表资格在广州调解，使冲突停息。在该年冬天又同朱庆润将军合办了辽吉黑民众后援会，基本的工作是援助东北义勇军。查先生亲自到承德七次主持其事。民国二十四年的冬季十一月查先生和北平教育界诸同人联合通电反对华北五省自治，这又表示了他对领土不容分割的一次斗争。

民国十九年，办现陕西旱灾救济，又同朱庆润将军合办华北慈善联合会。二十年经办长江灾区的赈济事宜。抗战那年在南京任赈务委员会专员，到华北前线救济难民。就在陕西的时候，查先生遭了土匪绑架，地点在五丈原，不禁想起了五丈原诸葛亮的那一段故事了。八十一天的不自由生活，对查先生当然也是一个灾难，但是也正因了有这段经历，使查先生对社会的黑暗面有更深刻的认识和了解，他同情那些饥寒无告的良民，但也憎恨那些藉势凌人的强盗。

查先生历任北师大的教授，河南大学的校长，河南省府委员兼教育厅长，又做过陕西教育厅长，还创办艺文学校。当熊希龄先生在香山慈幼院院长的时候，查先生任副院长。二十七年春，在陕西登记的战区中学生一千七百人，便由查先生率领这批流浪的青年由凤翔步行十日到天水，在西北的文化荒地上，开办第一所国立中学，且转赴青海去视察教育情形。十二月七日到了昆明，任西南联合大学的训导长，到今天已有八年多。查先生表示联大结束后，将来只愿教书，不当训导长了。

据和查先生很熟悉的人谈，他是最富于感情的，快乐的时候就笑，悲哀的时候就流泪，最乐意助人解决疑难的问题。他做过战区来昆学生就学指导处的主任，到现在这些学生中很多还常和查先生通信。因为他们认为查先生不但是良师，而且更有家人父子之感。查先生自己一点也不反对他是极富感情的这种说法。

查先生身体很结实，有一百八十磅重量。生活也颇有规律，喜吃面食。他告诉记者，他立足跳远可以跳二米一。他最喜欢游山玩水，昆明附近的名胜，没有一处不留下查先生的足迹。

在革命的历史上，查先生也留下他的光荣的功绩，十六年国民革命的北伐，他做第二集团军教育处处长。

查先生是一位良好的教育家，热情的爱国者，是青年的导师，又是青年的伙伴。他在联大，主持训导八年余，没有一个学生不喜欢他，尊敬他。

最后，查先生告诉记者说，替学生或朋友的孩子做主婚人，已经数十次了。

选自昆明《和平日报》一九四六年五月八日

// 孜孜不倦的雷海宗教授

郝 萍

经常身穿着一身灰色或褐色西服，一手提着黑皮包低着头匆匆忙忙地向前走，这就是雷海宗教授的"行的姿态"。他的面孔很平整，也很宽大，气色总像不大好，带着黄白色。从这样的外形去看雷先生，常使人想到"大智若愚"四字。

他是河北省永清县人，今年四十五岁。在清华学校毕业后，即赴美国入支加哥大学，研究历史。由美返国后，先在中央大学执教，继到武汉大学授课，然后回到他的母校清华大学任教授。抗战后，任联大历史系主任。无论是在求学或教书的时候，雷先生总是孜孜不倦地教习研究，这也就是他唯一的爱好。

《中国文化与中国兵》，是雷先生的一本佳作。在这里边他对中国历史作了一种新的看法，自秦统一中国以后，典章文物略具雏形，经过汉代的增订补充，成了一种不易的典型。而在文化的本质上，也是自秦汉以后发展到一个静止的停滞不前的阶段。汉武帝时完全废征兵制，而采募兵制。自此以后，兵与民即分离，所以就有"好汉不当兵"的绯缪言论，但就当时的时代背景言之，这句话也道出了不少的真实性。中国兵脱离了中国文化，中国文化也不包括中国兵，中国兵不是中国文化表现的一方面，也失去了构成文化的素质的意义。

抗战后，西南联大刚在昆明开学不久，当时有一个新兴的杂志——《战国策》出现，是一个理论深湛，且能配合现实的刊物。雷先生是一员主讲，曾写过一篇专论，题为《大战国时代的重演》，是针对着当时国际间的战争情势而言的，这也可以说明他对于第二次世界大战的看法。

雷先生在学校里，从来不缺一堂课。他讲书非常有系统，有条理，一句废话都没有。就是讲些轶事或掌故，也极为紧凑生动，常常逗得学生哄堂大笑。教历史的人，能像他那样将年代记得清楚，恐怕也只有雷先生一人了。

有人说雷先生极重理智，然而也不尽然。四月间他在联大大草坪上讲演关于"东北问题"的时候，曾竭力控制自己，然而终究不免流出眼泪来，也许他平常压抑得太多了，因而给人一种错误的假设。

现在的大学教授，真正研究学问，领导青年前进的，确实有如恒沙河数，而雷先生却是一个难得的学者，他的治学方法，治史态度，都是值得人称赞的。

雷先生在学校里，中国史西洋史兼教，他认为在大学里最好先了解西洋史，然后对于中国史才能有很多的帮助，可以省去许多绕圈子的麻烦。同时在中国研究院里，只能研究中国史，因为实际的材料和书籍各方面，都以研究中国史较为方便，因此更要在大学里奠定西洋史的根基。但是雷先生说：下半年回清华后，打算多教点中国史。

胡适之博士写了一本书叫《为学与做人》，他曾以金字塔来作比喻，谓"又能博大又能高"，如果比之雷先生，倒是很适当的。他的学识和做人方面，都确实值得我们青年人永远学习的！

选自昆明《和平日报》一九四六年五月二十九日

// 悼念陶云逵教授

罗莘田

云逵，你记得吗？二十三年前，在南开中学大礼堂北侧的一间小楼上，时常有一个广额浓眉，目光炯炯，年方一七岁的学生，去找一个比他只大六岁，曾仅替他本班老师代过一两星期课的青年国文教员去谈天。所谈的题材，上自宇宙人生，下至修辞造句，说者毫无顾忌地信口开合，听者也凝眸注意地心领神会，那就是咱们认识的开始。

隔了一二年，在上海曹家渡小万柳堂的帆影楼上，一位衣冠齐楚，仪表堂堂，刚从德意志学成回国的青年学者，同着李济之先生来看我，寒暄才罢，就大谈华欧混血种的问题。此后在工作余暇，有时我陪他到兆丰花园散步，有时他跟我回杭州，一同到九溪十八涧去洗足，那便是咱们同事的开始。

抗战五年后，你从云大转入联大，并主持南开大学文科研究所的边疆人文研究室，因为兴趣的接近，你找我来谈天的次数更多，同时庆兰、华年也变成这研究室的一员，逐渐奠下了沟通人类学和语言学的桥基，这是咱们友谊加切，情感加深的开始。

去年春天咱们同去大理，你劝我增订民家语的材料，同时你趁着大家朝鸡足山，登中和峰的当儿，独自去调查民家捕鱼和过年的风俗。回来路过天子庙坡谈到这种计划的进行，彼此都高兴得了不得，在爬过这个高达二千六百公尺的高坡时，几乎把咱们所会的昆曲和皮簧都唱光了，这是咱们学术合作的开始。

在广漠的人海里，咱们居然有这么几次的遇合，能够说没有缘吗？你受过严格的科学训练，同时又禀赋着艺术的天才，具有丰富的热情，也有急遽傲慢的脾气。可是你对于我这差有数年之长的人，从做中学生一直到大学教授，并不因为我学殖天分抵不上你而失掉应有的敬意。因此我对于柳漪先生和你艰辛缔造埋头苦干的研究室，愿尽最大的努力保持合作互助的态度，以酬知己。

这个刚在滋生的嫩芽，耐过了一年半的风吹雨打，已经逐渐有欣欣向荣的气象了。谁料到晴天一声霹雳竟自击死了一个天天灌溉这嫩芽的主要园丁呢？

云逵，你是不该死的。虽然因为尧尧殇折伤了你心，因为研究室事任劳任怨地费了你的力。因为生活窘促逼得你从手到口地写文章，消耗了你的血，可是，你有结实的气魄，充沛的活力，坚强的意志，饱满的精神，一切都抵挡住，无论如何，你是不该死的。况且，你不是有伉俪甚笃的年青太太和还在襁褓的女儿吗？你不是有未完成的著作和刚发轫的事业吗？你不是有合作互助的朋友和追步后尘的学生吗？你怎能撒手不管，然而你竟死了！为什么？为咱们贫苦的生活已经到了极限？为没钱治病耽误了症候？为初民思想弥漫社会？为医术医德尚待改良？究竟为什么？请你告诉我。

去年十二月三十日你约我和伯蕃、秉壁提前去吃夜饭，那时亭玉生产后还未满月；三样馅儿的几百个饺子，都是你亲手包的，老实说，那些饺子真不够味儿，也不像样儿，可是它们因为充满着情谊，所以我吃着特别香。尤其是你能欣赏我的母校里许多朋友，格外使我增加了无限的知己之感，谁想到这一餐竟成了散场饭呢？

我最近所写的《藏缅族的父子连名制》，远不及你那两篇《大寨黑夷的家族与图腾》和《西南部族的鸡骨卜》。然而，承你呵其所好地一定让我去占《边疆人文》的篇幅，直到你被回归热的螺旋侵袭到第九天，已经谵语神昏的时候还念念不忘这篇文章，叫亭玉到处乱翻，直到我亲笔写信告诉你尚未交出，你才放心。云逵，冲着你忠于事业，忠于朋友的这一念，我愿意从旁协助柳漪、庆兰、华年、才澄等让你亲手灌溉出来的那一点嫩芽永生着，请你瞑目吧！

最后，我想拿两副联语来概括我的哀思：

其一，"武林访胜，苍洱寻幽，时忆旧游增怅惘；津市谈文，沪滇论学，忍披遗著理丛残。"

其二："谵语病帏间，念念不忘连名制；痛心遗笥里，孜孜方竟骨卜篇。"

三，二，十五。

// 悼丁佶

陈之迈

　　十月五日重庆的报纸刊载一段简短的新闻，报告西南联合大学教授丁佶先生，在十月四日到昆明西山约同友人同赴滇池游泳，至五日未归，大约是已遭不测，尸身却也不曾找着。这一段简短的报道如果确实，中国的社会科学界是丧失了一位最有前途的研究工作者，西南联大的学生丧失了一位最认真忠实的导师，我们大家丧失了一位最有风趣，最健谈，最可爱的朋友。

　　丁佶年纪不大，不过三十五岁，七年前自美国哈佛大学商学院修满了两年研究院后即回国在南开经济研究所担任教职，始终不曾间断。在过去七年当中，他致力于中国经济的研究，特别是工业与交通事业的研究，先后发表了许多论文，分别在南开的英文季刊及《新经济》等处发表。他研究中国的纺织工业最有心得，他关于这一个题目所发表的长文是有其重要的学术价值的。南开搬到云南以后，他又研究滇越铁路的历史，以及滇缅铁路的展望，这些研究的成绩，已有一部份在《新经济》上发表了。他的年纪还轻，他所研究的又是前人所不在注意的题目，伟大的学术贡献是谈不到的。但是我们认识他的人，如同我一样，从十五六岁就认识他的人，总觉得他的死真是一个重大的损失，无论从那一方面来说。

他是一九二七年从清华学校毕业赴美留学的。那时正在北伐进行的时候，这一位十七八岁的青年却不曾加入那时正在蓬勃展开的革命运动。他对于自己的分析是他的性格不适宜于政治活动，而应该老老实实地做一个实事求是的工作者，从研究中寻获如何可以发展中国的工业使得国家能建造成一个现代的富强的国家。天下的工业是没有比美国更发达的，工商管理在那里得到了最高度的效率。所以在十七八岁的时候他就决定，他既然有机会到美国留学，他就学美国的工商管理，学会计。那时我们笑他未到美国已经成了美国人，他一点都不踌躇地认为美国人有他们的长处，后来苏联的第一个五年计划开始，他很高兴的对人说："你看共产主义的苏联也一样的得学资本主义美国的效率主义。"

到了美国几年，他的生活很辛苦。他先在费拉德维亚读书，看见许多美国学生自己做工来维持读书生活，引起了他的尊敬。于是他自己也于课余之暇做工，替饭馆洗碗，替人家推剪草地，为的是使他的弟弟丁杰也能辞去中国一只兵船上无线电员的职务，也到本雪维尼亚大学来读书。他的弟弟在海军做了几年事，不会游泳，他还时常作为谈料，因为他本人是最知水性的人，并且是最爱看 Joseph Conrad 的航海小说的人。谁知他的生命就终于丧在这一个癖好之上。

论个人的生活，他是最洋化——美国化——不过的人。他常吃外国菜，吃起来津津讲述每一种食物中的维他命，菠菜有多少，牛奶有什么等等。但他也不一定是不享口福的——就是他也承认美国菜没有多少味道。然而他的主张是吃饭是所以养人，所以他总不忘记他所听到的维他命学说。他的洋化是彻底的：中国人的许多不良习惯他不肯沾染。他疾首痛恨那些中国实业家，明明是为赚钱而办实业，为什么他们偏要引用无智的亲戚而使得实业破产？为什么他们不能好好的教训子孙使得他们能继承他们毕生经营的事业，如同罗克非来一样，而任凭他们的子孙不成器，使得中国的民族工业不能如同美国的一样，传诸后代，发扬光大？为什么中国的实业界也贪污充斥？那样没有效率？

有人告诉他说这是民族性不成，"中国人"不成，他却不一定相信这种看法，虽则有时也不免有些牢骚。"中国人不成也得让他成"是他的根本看法。所以他学工商管理，学会计，希望从组织中制度中改良中国的实业，使得它发荣滋长。有一位丁佶的好朋友也有这个志向，回到中国来试用西洋式的工商管理的理论而失败了。无疑的这件事情使得丁佶伤心。本着道地的科学精神，他回国来便埋首于中国事实的搜集，先来诊断病源，再谈对症下药。他所做的文章都是叙事的，详细的分析事实，他最后的一篇文章登在南开的英文季刊，详细地描写中国战时工业可以代表他所著作的精神。从前我们请他为《独立评论》写文章，他始终没有以一篇稿子送来，因为他总以为在未把事实弄清楚以前，就发表批评的文字是不对的。他为《新经济》写的也是他纯粹叙事的。他是昆明《今日评论》的创办人之一，但他也不常执笔，他的职务是经理、管账、接洽广告及寄运的方法。同他真熟的人晓得他喜欢谈天，有时也议论风生，常常会大笑，但在他的心中，所有的议论充其量不过是"假定"，一切还待事实搜集齐全了才能"证明"。丁佶最可佩服的地方，最同平常人不同的地方，就在这里；他的死是中国社会科学界的损失原因也在这里。他是一个模范的有科学修养的人，在他未曾知道实在情形以前他总是不肯漫谈改革。这种认真的态度使得他是一个典型的现代化的人：也唯有这种现代化的人才能使中国现代化。

留学生中不少十分洋化的人物，他们简直就是一个洋人。丁佶是洋化的，然而他却绝对不是那种的留学生。我们过去有多少人到外国之后便一切看不起中国，因为看不起中国就不理会中国，凡是中国的事情他们一概不闻不问？但丁佶却绝对的注意中国；近七年来他注重的研究的对象全是中国的事情。据我所知，他不曾发表过一篇介绍什么西洋理论的文字；他告诉过我西洋的经济学说是从西洋的事实而来的，中国不是西洋，所以西洋的学说在中国不一定能应用，究竟中国的事实是怎样的他得先弄个清楚，再谈学说的应用。在这一端上他距离那些浅薄者流有几千万里。许多的人一谈到研究中国的情形便推诿说是没有材料，不像西洋那样有人作好了现成的教科书。丁佶却感觉到中国没有一个地方没有材料，他最勇于去搜集整理。当他在天津的时候，南开给他种种的研究便利。抗战后这些便利都失了。他同我到了长沙，住在那时所谓长沙临时大学的宿舍里。那时身边没有一本书，学校的图书馆里也不过有几本在长沙市内搜得的教材式译本。丁佶对我说我们不如想法子向学校请一笔路费到各县走走，他研究湖南的农村经济，我来调查地方行政；如果路费弄不来，我们先从长沙入手也可以。可惜不久他就应召到南京去了，学校也在半年以后移到昆明。果然他到了昆明不久，《新经济》就收到了他关于滇越铁路历史的文章。我们就知道他又在云南搜集起云南的材料来了。这种的为学态度那有几个人可以比得？

丁佶自己应当是第一个承认他的工作还差得远的人，如果我们因为他死了就说他是一个伟大的经济学者，如同那些请求政府褒扬的人们似的，他一定十分生气。如果他不是那样的爱水，他可以成为一个真正了解中国工业发展的学者，也许他自己会创办些实业来实施他所专精的工商管理，或者成为民族工业的一个巨子。我们同他最相识的人总不免感觉到丁佶的死使我们失却了一位最好的朋友，因为在我们的朋友当中他是独具一格的，是自有一种的"人格"的，与那些别的是那样的不同，那样的认真，那样的纯挚，那样的现代化。

// 毛鸿上校

吴 晗

一

毛鸿上校。中等身材，黄黄的脸色，虽然才三十多岁，头发已经稀疏了，一年到头穿着破旧而笔挺的军服，普通话夹着湖南话，文绉绉的，老是带着笑，我们都叫他毛教官。

我们同住在一个院子里他住在对面楼下两间像鸽子笼样的房子，外间是客堂，兼饭厅，兼书房，内间是卧室，床以外，堆着许多书，一顶旧珠罗纱帐子，任何时候，总是很整齐的束成中字形，床单也叠成一定的形式，想来是军中勤务的多年训练吧，我怎么也学不会。小小的房子，配着他纤小的温柔的太太，和娇养的孩子，构成温暖的整洁的家庭。

踞高临下，我住在他对面的楼房，成天见面。在昆明经常被敌机轰炸那一两年，我们一块儿逃警报，在野地里，无聊得慌，就谈开了。傍晚回家，累了一天作不了事，还是接着谈。到后来熟极了，到了无话不谈的地步。

昆明是个暴发的小商业都市，我们的娱乐，看不起电影，逛街怕花钱，只好钓鱼。我整了几根钓竿，到需要休息的时候，就到翠湖旁的洗马河垂钓，毛教官看了有趣，也跟着钓，他极细心，有耐性，不几天就会了。有一天清早，他钓得尺把长的大鲫鱼，险些把竿子弄折，喜欢得双脚跳，大得太太的夸奖，从此更起劲了，清早傍晚都在钓。

有一天，他提议换一个地方，到昆明湖去，走了大半天，钓了大半天，水情不熟，到傍晚回家时，连一头小虾都无，大家心里都着急，怕被人笑。恰好经过的地方有人卖黄鲋，一种无鳞而有长须的鱼，只好买了一些回家充数，我不喜欢吃这种鱼，就全部算是他的成绩了。果然，他一家大小都喜欢，他也满脸堆着笑。隔了几天，忍不住还是说出来，挖苦他太太，钓的怎么会全是一种鱼呢？毛太太也笑说，我也早明白了，但又何必煞风景呢！

另一次，听人说，西郊离城十里地有许多大塘子，鱼很多。两人兴兴头头起了个大早，跑了一身汗，走到了，果然有一个大塘子，水很清，可是奇怪，钓了大半天，钓丝一动也不动，换地方，撒鱼食，想了一切方法，还是无动静。时候已过午了，肚子饿得怪叫，还是不行。末了，只好问过路的看牛人，说是这塘子干了有几个月了，昨天才放水，从前是有鱼的。只好索然兴尽的回来。

此后，大家都忙着别的事，不大钓鱼了。到前年冬天，他搬了家，不常见面。有一天他一拐一拐来看我，谈不上十分钟，就到隔壁附中去上课了。不料过了两天，得到他的死讯。

附中许多学生哭了，联大更多的学生也哭了。

他的一生是属于西南联大的，没有联大时就有他，可是到联大快结束时，他无声地死去了。

毛教官死时方三十七岁，除去就学的时间，大部服务时间都在联大。

二

毛教官是为学生所喜爱的，一个大学的军训主任教官而能得学生的喜爱，恐怕他是仅有的一个。

主要的原因，怕是他在主持学生军训，而又理智上反对学生军训。

他对我说，我真不懂，搞了这多年的军训，有什么意义呢？说是为纪律，学生到底不是军人，用不上这种纪律。说是为健康，已经有种种的体育活动了，操一二三四无补于事。说是实施战争技术训练，没有一杆枪，连它的构造都搞不清，有啥用？说是为了生活的秩序，不是已经有了训导处吗？再来军训，岂非架床叠屋。若是为了镇压异端，监视反动份子，那可不是人干的事！

不是人干的事！真的，毛教官不但温和，宽容，富于同情心，责任心，更重要的他还是一个正直的人，有正义感的人，一个君子人。他决不肯作不是人干的事。

举一个例子吧。昆明学生轰轰烈烈的讨孔运动后，联大军训处奉到上级密令，要教官负责举发这次运动的首要份子。

有几个尉级教官兴匆匆的动起手来，这一行为当然关系着几十个青年学生的命运，集中营在等待着他们。

毛教官把文件都撕了，大声说："谁让你们干的？这不是人干的事！而且，为什么？想记上功劳簿吗？我是你们的长官，有功劳也该是我的，轮不到你们！"

这件可能发生的恐怖案，就此结束了。

他没有告诉学生，也没有告诉别的人，在有一次偶然的谈话中他说出这件事。

他作军训教官，干什么事呢？清早天不亮起来，领学生早操，之后是替学生解决生活问题。电灯泡坏了要换，房子漏了要修，帮学生搬家，诸如此类的琐事，学生的请求，他无不帮忙，学生的困难，他尽力解决。他的上司是训导长查勉仲先生，勉仲先生是有名的查二哥，查菩萨，很契重毛教官，毛教官也确能帮助查二哥。

几年来西南联大有民主堡垒的称号，这堡垒里面的一个无名的英雄，沉默地本分地照爱学生的生活，决不干"不是人作的事"的人，是毛教官。

毛教官了解学生，同情学生，不只因为他过去曾经是学生，而且一出校门就到长沙的临时大学，他没有沾染上一切作官，尤其是作军官的习气，始终保有一颗纯洁的心，理智的头脑，温和的感情。

战局更险恶了，长沙临大决定迁移到昆明，组织步行团，横贯贵州，毛教官是步行团的队长，教师同行的有闻一多先生。

在几十天的徒步旅行中，毛教官和学生一样生活，生活在一起，在感情上他成为学生的一份子了。

到了昆明，长沙临大改组为西南联合大学。

之后，敌人占领安南缅甸，滇边震动，西南联大在四川叙永设分校，毛教官又跟着学生到四川。

叙永驻军是陆军预备第二师，有一天，学生和士兵不知为什么冲突起来，有一个学生挨了一刺刀，这一天正好下大雨，毛教官戴着箬帽，穿着草鞋，跑了一天和军队办交涉。

这一天我在街上看见他，是第一次见面，印象极好。

另一次驻军长官陈明仁将军请吃饭，他也在座，从开头到散席，不发一言。半夜回来忽然放警报，城门关了，是他去叫开城门。

在昆明同住一年多以后，他预备功课考陆大，成天成晚的赶，半夜里起来读英文，还请人补习数学，和我谈历史。昆明区考试居然考个第一，正拟到重庆复试，晴天里霹雳，没有带过兵的军官不收，三四个月的辛苦完全白费了！

此后，他突然消瘦了，颓丧了。经常的笑容也似乎有点勉强了。

有一天晚上，他谈起他的经历：

是军校毕业的，同期的若干学生早已当了师长军长了。他因为成绩特别好，留校作助教，从此永远作军人中的文官，官阶是按年资升了，作了陆军上校，可是，他痛苦，就军人说他是文官，就学校里同事说呢，他又是道地军人，文不成，武不就，而且，一家三口，还有老母要供养，弟妹要教育。

他过极端尅苦的生活，经常不大吃肉，有时在军训处吃包饭，霉黑米和清水白菜。

他发愤要改造这命运，咬着牙吃苦，咬着牙啃住书本，一有空就自己学习，买了许多书，请同乡的学生帮助进修。

他一定要考进陆军大学，学一点专门学术，将来替国家真正做一点事。

但是，他一辈子没有带过兵，他们叫作"队质"吧？没有队质，不能考陆大，这个门紧紧地关住，他没有希望了，他支持不住了。

虽然如此，他还是有一个无可奈何的希望，希望他能在他所共甘苦的学校永远安心工作下去。

有一次重庆的一个国立大学找他去作军训副主任，升了一级作少将。他拒绝了，第一他舍不得这个挚爱的学校。第二他也受不了那个学校他所不习惯的空气。

他预备等战争结束，跟学校回北平，继续他的学习工作。将来或者有机会参加留学考试。

然而，问题又来了，政府取消大学军训，这是一个致命的打击。毛教官不但失业，而且，事实摆在那里，他非离开西南联大不可了。

当然，联大当局是明白这个非军人又非文人的人的功绩的，请他作联大附中教官，照支原薪，还是在联大作事。

然而，附中隶属于师范学院，师院是决定留在昆明的。

从此，毛教官悒悒寡欢，加上骨节炎旧病也发了，一天天消瘦，终于倒下，在死前的两天，还在附中上课，当晚吐了血，送进医院，已经不省人事了，就此含恨以殁。

三

联大分校，三校都迁回平津了。毛教官一人独自长眠在昆明的东郊，他的太太和小孩流落在昆明。

学生和他的朋友募集了一点钱，虽然有百多万，大概只够安葬的费用吧！

最近，在北平国会街举行联大校庆的时候，联大学生出版的联大校庆特刊，特别提到毛教官，提起这个善良的正直的人。

我自己，毛教官还曾替我留一个永远的纪念，三年前我写《明太祖传》完稿，要寄到重庆付印，他自动建议替我誊录副本，在这本书的小序上，我特别把这事情提出感谢。

这个善良的人，不为世人所知的人，沉默地工作，沉默地死去了。

在我的一生中，我永远忘记不了这个人，我想，在联大这个名词还能给人以一种亲切印象的时候，联大学生也永远不会忘记这个人。

十一月十八日于北平清华园

选自《人物杂志》一九四七年一月一日第二卷第一期

// 西南联大的坚贞教授群

石 君

联大虽然僻处昆明，外在的阻力却是重重，亏了负责人的煞费苦心，终能兀然屹立，但维系学校的真正力量，却在德高望重的教授。他们道德崇高，诚挚，热情，诲人不倦，以德化人。

诗人闻一多先生，除了在昆华中学兼课外，还得靠镌刻图章，弥补家用的不足。只身出入大凉山的袁复礼先生，家中小孩特别多，书籍用物早就卖光了，每天只能吃两顿稀饭。道貌岸然的老哲学家金岳霖先生，自美国讲学归来，和钱端升先生同住一屋，为了雇不起佣人，还得帮助钱太太劈劈松材。在某一次，昆明举行的哲学年会上，金先生用幽默而沉痛的语调，慨叹西洋哲学在国内研究乏人，哲学年会的经费又特别的短少，比起工程师学会的经费真相形见绌，但两者对人类的贡献，那只有天晓得了。

刚直敢言的政论家张奚若先生，自从在《独立评论》发表一篇冀察不应特殊化的宏论后，难在参政会上几度发言，在校中老是保持沉默，鼓励学生充实自己，少写壁报。他曾遭遇房东副官的毒打，同学们都为他抱不平。听说张先生近年不沉默了，他为了国家前途，充分表现他的正义感。他演讲时，教室里挤满了人，窗子外挤满了人。他写的文章，人人抢着买，人人争着读。

精通中西史的雷海宗先生，和蔼可亲，因为贫血，曾在马路上昏倒，他的太太却在云大充一名小职员接济家用。名生物学家陈桢先生终日守在实验室里，和显微镜亲热，他有巴士特的精神和耐性。佛学权威汤用彤老教授，头发银白，终日深研佛学，不大公开演讲，但他　走上讲坛，教室内老是充满了人。

更应该值得提及的是吴雨僧先生最敬佩的哲学、史学、文学大师陈寅恪先生，他戴着圆顶的瓜瓢帽，闭上眼睛端端正正地坐了讲学。语调那么轻微，坐在下面的人聚精会神的静听，吴宓、沈有鼎、刘文典诸先生都去听他的玄论，逢人就道及他，称颂他。本来陈先生在战前荣膺牛津大学名誉讲座，因为身体弱不能前往，只得留在昆明。当昆明市遭受猛炸时，陈先生跑不动，去香港大学教学，香港沦陷，敌寇震于陈先生之名望硕学，曾馈送麦粉，陈先生拒绝接收，他的尊翁散原诗人在北平绝食死难，可见他们父子大义凛然了。陈先生后来脱险移往桂林，桂林丢了，逃亡成都，战争结束时，陈先生飞英讲学，听说他过昆明，还是沉痛的悲感呢。

联大的精神就在这些地方，教授们必要时以身护道，以身殉道。

选自《愿望》一九四六年第一卷第七期

// 联大的教授群

容　敬

　　联大一直拥有一大批第一流学者，他们不但著名于国内，有好些还驰誉于国际。他们爱联大，像爱自己的家，生活上环境上日久折磨着他们，可是他们还是固守着本身的岗位。他们为着学术，为着气节，也为着友情。他们的工作至为简单：除了在学术上的研究与讲授之外，他们甚少理会别的事情；如果说还有些事情他们得分神去理会的话，那就是对实际生活的应付和对国内外局势的关怀。

　　抗战期间，后方教授苦，联大教授尤其苦：他们拿有限的收入，去维持一个家。困苦而致孩子不能入学，自己还得帮助太太做家庭琐事，在联大的教授群是不算稀奇古怪的事。联大教授是关怀国内外局势，尤其关怀并极力推动国内政治走向民主化的道途；不过党的色彩却并不浓厚，尤其鄙视政客式的"政治活动"！在推动国内政治民主化的工作中，他们是敢说敢批评在执或在野的党派的。对政府的批评尤其不客气：就是因为这样，就有人怀疑他们，说他们是代某党某派说话的，甚至说他们有些根本就不爱国，这是看错了。举个例来说吧：本年春，东北苏军未依中苏友好条约撤兵时，他们就仗义执言，发麦宣言请苏联撤兵，维护祖国的主权与领土的完整。总之，联大教授是致力于学术的；对实际生活问题与政治局势，他们也关心——没法不关心，可是分神并不多，动机也是至为纯正的。要是读者还有所怀疑的话，我将把一部教授，简略地逐一介绍，以助瞭解。

闻一多

我得先介绍新近给人刺杀而死的闻一多先生。闻先生是"五四"时代就致力于文学革命运动的诗人，是联大文学院中文系教授，对《诗经》与《离骚》都有深刻的研究。"七七"抗战以前甚至在抗战初期，他是埋头于学术的研究与讲授的。对外事，尤其对政治是不闻至少是不问的。到抗战中期尤其后期，他看到政府在内政上，吏治上，弱点处处，就一改前此态度批评起来，越来越积极，越来越激烈，被刺前在昆明云大礼堂参加李公朴会中发表的演说，差不多是走到激烈的顶点了，他那激烈的演说，在没有民主素养的中国，就不免引起一部分人的不满甚至愤懑，他也就以此丧生。对于闻先生的死，笔者不拟加以深入的批评，不过，有一句话笔者不能不说的，就是，我们对于别人的批评，抨击，即使自己认为不满甚至表示愤恨吧，也不该用"杀"去答覆对方。"杀"，在正事走向"民主"的道途的中国是不宜滥用的：除非是对付贪官污吏或其他国民公敌时才例外！

冯友兰

冯先生是文学院院长兼哲学系教授。外表有点像闻先生：胡子又多又长，不同的地方，是闻先生的眼镜可以离，而冯先生的眼镜却一刻不可或离。冯先生是教授中最得同学爱戴之一人。对《中国哲学史》研究的精辟，在国内学者中，可与冯先生并驾齐驱的，恐不易找到。冯先生有一个缺点，是说话不流利。可是他说的话，没有废话，同学们爱听他的课，也爱听他的演讲。他的著述，除"大学丛书"中的《中国哲学史》之外，还有"贞元三书"——即《新理学》《新事论》和《新世训》等著作，他的著述真的称得上"不胫而走"。大家还喜爱冯先生的为人，尤其喜爱他那常常挂在唇边的微笑，不少人称他做当代"孔夫子"。本年夏间，他应美国务院之约到美国讲学去了，一年为期，期满后将仍任清华大学文学院院长。

潘光旦

潘先生是清华教务长，以研究优生学和心理学而驰誉于国内外。也许你猜不到吧？研究优生学的潘先生只有一条腿。另一条腿是因在学校时踢足球折骨而锯掉的。半个秃顶，一副眼镜，一个皮茄结衣，和夹在腋下的两条扶手杖，是潘先生终年的装束。潘先生是自由主义者，他不赞成任何党派给人们思想以统制。他的论拟是站在人类文化的发展上的。站在优生学的立场上，潘先生以为智识分子——尤其女性不要晚婚。妇女责任重点是在家庭。他曾经说过，不少青年尤其是女性，不以他的主张为然，可是到结婚育儿以后，却不能不默认他的见解是对的了。不论上课或演讲，潘先生的听众总是挤拥异常的。无疑地，他是联大的台柱之一。

张奚若

张先生是清华政治系主任，也是联大政治系主任。他是国民参政会中最敢说话也最会说话之一人。在参政会中，由于他那大胆而认真的质问，曾经引起了相当大的骚动。在校中，他授的课《西洋政治思想史》和《近代西洋政治思想》讲的异常精采，尤其讲到柏拉图、亚里士多德，和卢骚等人时更见精采。不过选他课的同学，甚少外系的，因为他开的参考书那么多，读书报告那么多，谁也得怕。听他的公开演讲，在联大可说是最拥挤的了。他是无党无派的，说话激烈，对官僚、政客的抨击可说是无情的。去年政治协商会开会前，中共要推荐他做无党无派的代表之一，可是政府拒绝了，同时他自己也并不热衷。大家都不相信他要做官，什么部长，参政员之类的位置，都先后给他拒绝或抛弃了。虽然他穷得要拿网球拍到拍卖行去寄卖，他的志愿还是要以教育终其生。

华罗庚

年青时代，华先生是清华图书馆的小管理员，现在，是驰誉于国内外的天才数学家。瘦长身材，穿着一件陈旧而不大整洁的大袴，头鬃常常落下两颊，一副眼镜，一枝手杖，走路一拐一拐的。在路上，不知道他的人，恐怕会怀疑他是一位不大走运的算命先生。除了上课之外，华先生是不大爱说话。可是人人都知道他，也推崇他：英国要请他去讲学，苏联要请他去参加科学年会，现在，他又到美国学府中讲学去了。也是一年为期，返国后将仍返清华任教职。

沈有鼎

联大教授中，有几位怪人，沈先生就是其一。沈先生打扮有点像华先生，不同的地方，是身材较华先生矮小，穿的大袴比华先生的更为陈旧，走路也不像华先生那样要用拐杖，因为他的腿没有毛病。沈先生是哲学系教授，他的脑袋里像老装着个没有解决的问题，时时刻刻在发愣。有人说沈先生神经不大正常，在德国留学时，有一回，他记不清自己的宿舍，闯进别人的宿舍里去，他穿的又那么褴褛，就给校警送进囚室，后来同学证明了才算无事。哲学系同学说，他是哲学的天才，他们对他是崇拜备至的。你去溜跶溜跶吧，在那边你不难找到一些哲学系同学在对着湖水或对着月亮在发愣。

钱端升

国民参政会成立以来，一直到现在，从参政员名单中，届届都找得出钱先生的名字。我生也晚，走的地方少，看到的人也少，可是看钱先生的模样，硬是像个参政员或国会议员。头发不太长，一副无边眼镜，一套陈旧而补缀过的西装，冬天吗？就披上件厚厚的黑大衣，说话充满政论家风度。

其实钱先生也实在是个顶顶大名的政论家。他任北大法学院长多年了，在联大，也是个名教授。他教的课是《政治制度》《宪法》，近年来还添上个《战后问题》。他的广博，不但政治系同学佩服他，全校同学也都知道。关于政制、法制和宪法的著作，钱先生出版过不少，最普通的是与王世杰先生合著的《比较宪法》。以前在北平的《独立评论》，在上海的《东方杂志》和在昆明的《今日评论》，很容易看到钱先生的文章。近年来较少执笔了，据说他在集中精神写《中国政府》。要是出版，无疑是研究"中国政府"的最佳参考书。钱先生虽然是政治系教授，可是他是属整个"联大"。他要是公开演讲，其挤拥之处，恐怕只有潘光旦先生和张奚若先生公开演讲时才比得上。钱先生还是任北大法学院院长吧？我没有听到他的消息久了。

周炳琳

和钱先生一样，国民参政会成立以来，周先生就做参政员。周先生本来是北大教务长，在联大则没有担任行政职务，仅在经济系担任一门功课（高级经济理论），是高年级的选科。周先生个子不高，爱穿大褂，脸孔很平凡，披上一顶毡帽，走起路来，要是不认识他的人，还以为他是个做小生意的老板？来学校上课时，爱挽着一只黑色公文袋，有点像个小公务员。周先生因为是参政会的主要人物之一（参政会副秘书长），所以就常常去重庆。

周先生虽然是国民党员，可是他以为对三民主义的解释，应该着重其精神与进步性。比方说吧，对"宪章"问题，他主张政权之中应该有各类似英美式的议会，（名之为议会也好，名之为国民议政会也好）以作国民大会闭会后的政权最高机关，因为国民大会三年才开一回，会期又那么短促，要言实行有效的直接民权是不容易的。头脑比较死板的国民党员，是不会赞成这种意见的。不过周先生的意见，在参政会中一直保留着个有力的反应。

曾昭抡

从曾先生的外表看来，谁也看不出他是个"活动"人物；从曾先生所授的功课看来，也不会看出他是个"活动"人物。披着一件又旧又破的蓝大袄，拖着一对也是又旧又破的布鞋；有时走进小馆子里吃碗面，有时跑在街上啖油条，大饼。不大说话，在家里不是看书就是写文章，在学校不是上课就是困在化学实验室里做实验。

曾先生本来是北大化学系主任，曾任全国化学会会长。近年来，曾先生太"红"了：他是民主同盟的得力份子。不论写文章或公开演讲，对政府的批评是相当苛刻的。你看他不大说话吧？他的内心蕴藏着熊熊的烈火呢！

曾先生是清代功臣曾国藩的孙子。可是他向来就很少对人说过，他是一个有涵修的学者的，虽然有时他也跳跳舞，或写写抒情白话诗以寄感怀。

陈序经

陈先生本来是南开教授，在联大是任法商学院院长。联大的大权，于集中在教务长身上，并分担于各系主任身上，院长是有名无实的，虽然学校的重要决策，也得征询院长意见。稍为留意文化问题的人，不会不知道陈先生吧？他是主张中国要"全盘西化"的。他攻击"中学为体西学为用"的人们的主张，也不赞成"本位文化"论者的论调。在一切还在古旧的坟堆中打滚的中国，反对陈先生的主张的人当然很多，不过他的主张在中国社会一直有个深刻的影响。

陈先生的所长，除了文化学（狭义的）之外，对社会学、政治学（中的主权论），和华侨问题等等，都有深刻的研究。

西装老是穿得那么整齐，待人接物那么谦和有礼，又乐于助人，这是大家都知道的，可是他的刻苦好学知道的人却不多：他的藏书可以开一个图书馆，他虽然也交际，可是对他最有吸引力的还是书本。天未亮，就起来写文章，这是陈先生多年来所养成的习惯了。

沈从文

沈从文是中文系副教授，教散文。个子瘦小，常常是穿着那么件粗布大袴，戴着一副深近视眼镜。看来就像个作家，不过不像个写大兵，写土匪的作家——像我们在他的作品中常常看到的。

在目前的作家中，沈先生还是个多产作家。他住在昆明南百里的呈贡多年了：他身边虽然有个家——太太和小孩，可是他还是有写作的清思，也许，就是为了这个家，他不能不日以继夜的写。文人多穷，沈先生也没有例外。"先交钱，后交货"，或"交货"就立刻"拿钱"，已成他多年来的定例了。

　　也许是由于多年来就过着"静"的生活，沈先生的作品中就有不少充满哲学的色彩。有些人说，沈先生是有点"灰色"的了。真的吗？有资格的文艺批评家会给他定论的。

马约翰

　　马先生在清华已上三十年了；联大成立以后，他也一直在联大。年青时代，马先生是个体育健将，现在，年将六十了，还是中国体育家的领袖。我国参加远东运动会和世运，就是由他率领的。

　　在校中，同学们曾经有趣地谈过：联大教授中，那一位死了送殡的人最多呢？有人说是梅校委（贻琦），也有人说是马先生。可见马先生得同学的爱戴之深。

　　不论在什么时候，什么地方（当然在开追悼会或送殡时例外）看见他，他总会笑眯眯地跟你招呼，有时还用英语来一句问候。你不要看年将六十吧，他还是那么精力充盈！他身体确好，在冬天，年青小伙子要穿棉大衣了，他还是一件白衬衣，外面披一件西衣。棉衣，毛衣，皮衣更不用说，老没看他穿过，每天还不息地奔跑：上体育教徒手操，踢足球，打网球，做评判，很少休息过。他之得人爱戴不是偶然的。

选自《第一线半月刊》一九四六年第一卷第五期及第六、七期合刊

// 忆凤子

郭　朋

　　假如我们将时间往回拖个两三年，又假定一个因战事而繁华的内地都市里，就譬如说在昆明吧！在一所装璜富丽的西式寓所里，这里你一定要说我是故意向你炫弄，你会举出极充实的证据，你也许正是从那山城来的，你会说在那贫瘠的小地方，比较像样出色的房子是不轻易见着的。这也不打紧，我这么说本不过打算给你一个最初简单的意念，这一切堆砌的字眼也只是比较地用来形容的，你是见惯那些高轩镶着精致木扇窗刷着黄粉的屋子的，得，我们就选定这样的环境作为背景，你要问地点吗？这也许不是顶难寻觅的，假如是在周末日，你也许正拖着一双倦游的脚步打从圆通公园步出来，我得提醒你，就沿着那条洁净的石板道，不多远你会瞥见一个新近油漆得黑亮的大门，我不想再多卖关子，这里正是我们故事中女主角的住处。

　　时间是在仲春，饱满鲜明的阳光从组织成图案的窗洞里射进来，整个屋子洋溢着这季节特有明快的气氛，我们的女主人翁正歪躺在一只大圈椅里，她再一次欠了欠身，使劲作了一次深长的呼吸，她也许是倦了，瞧一整天她总是那么忙着，清早她还出席了一次座谈会，她赶写了一篇短文，现在她该可以好好休息一会了吧。然而忙想了一番，她的一双浓眉又紧蹙起来了。她没有好气地怔了怔那挂在墙头的日历，她习惯地记起这不寻常的周末日子会给她带些什么事情来。可不是吗？一会不是那几个讨厌的在大学教书的家伙又要来了吗？今儿晚上她还得熬半个夜去排戏，这是没法避免的事，无论如何，新戏在下礼拜一定得上演，许多花花绿绿的广告也早已贴满街坊了，她生活到这世界来像全是为别人生活似的。她这多天来就从没一份闲暇，让自己静静地躺那么一下。

　　"就譬如说，这么饱满的阳光，要是在它下面打会盹多美，"她喃喃自语着，然而就不行，她连这极细微的权利也被剥夺了。

　　习惯地她又重重叹了口气："生活着为什么呢？"这古怪的思想又再度从她脑筋里飘了起来，这真是永远没法解答的问题，她为此也不知研思了多少次，她也曾拿它去请教那批自诩为老前辈的哲学家们，然而答覆都是莫明其妙地："生活吗？生活就是生活呀！"这就是那批学者的话，多好笑，一想到这，似乎连自身的繁累都暂时给遗忘了。他完全摸不清适才她是在想些什么，她的浅圆的酒窝里又荡起一层笑意来。

　　不管这些吧！她突然记起放在小几上的咖啡一定凉透了吧！对不起，我又说错了，想想看，像咖啡这样的东西在昆明该够多么奢侈，我们的女主人翁端着的是杯红茶，她微微咽了一口，劣质茶叶苦涩的味道使她几乎将灌进喉管的差一点吐出来，她又要埋怨了，这是多么倒霉的地方，连咖啡都没有，她就是喝惯咖啡的，她是在都市圈里生活惯了的人，没有咖啡的刺激，生活就会变得怎么灰淡，对，她悟到最近所以感觉烦闷的理由，没有刺激饮料的人生，是最难堪的戏弄。

　　她是个爱幻想的人，她希望这世界充满着像古希腊承平时代一般的诗意，又或者是像十九世纪初头维也纳所特别所染着的浓厚音乐情调一样，然而现实的一切老是同她闹别扭，她偏生仕这样一个灰色占老的国度，又偏逢着这样不幸动乱的时代，一句话，上帝同她过意不去，成天总是战争啊！大炮啊！……她不敢想像这样的日子如果再继续几年的话，她的灵魂怕将永远给压碎了。

　　我承认我是个拙劣的描绘者，你也许被我的话更弄得糊涂起来。但幸好这里附着的一张相片，会给你更多较清晰的轮廓的。你仔细瞧一下吧，对于美的标准一向有多方面的解释的，她有着一头乌黑烫成波浪形的发丝，一张白皙微圆的脸，还有一张小巧玲珑的嘴，一位大学教授赞过她的鼻子是属于希腊型的，更有许多名流者说："她的美并不在于面庞，而是她所特具的一种娴雅风度。"我这里只是将别人的意见举了点，还有一位当代的名诗人，为着颂扬她那秀美的风姿，曾写下了许多优美的十四行诗，这位诗人是谁？恕我再卖弄一下，往后你会晓得的。

一位多方面活动的女艺人，她是作家、明星，她做过报纸副刊的编辑，也曾担任过妇女会的干事，这就是凤子。她应该是生活在一个快乐承平时代，然而她偏巧在战争的阴影下过着啃啮心灵的痛苦生活，用她自己的话："她是一个不幸的人。"

提起凤子，这名字绝不是生疏的，远在她的学生时代，这个超特的南国小姑娘就给人极深刻的印象了。"复旦剧社"时的凤子是上海滩上一颗灿烂的星座，以后她又东渡到日本，《日出》一剧为她奠定了坚固不拔的地位，许多日本人还为她写了好多赞扬的文字，凤子一跃也就踏入国际艺人之列了。我们可以说，倘使新兴的中国话剧给予日本人较多认识一点的话，凤子该是这方面最早的介绍者。

凤子不但仅是演演戏的，她还是一个著名的女作家。"封禾子"这新颖的名字是一般爱好新文学的所习知的，她最擅长的是写些散文小品之类，假如说冰心的文字是以细腻见胜，又或者说谢冰莹，丁玲的风格可以用刚健朴实来代表，那末凤子的小品文章则是属于所谓"隽雅冲淡"的一类。她写这类文字确具有卓越的天才，极其通俗的题材经她略为渲染，就替读者衬出一幅素描的速写来，读她的文章正好比品一杯上好的龙井茶，可以发现无穷味道。

正如她为人一般，凤子写下这般冲淡的小品文字是不会引起我们较大的惊异的。在日常生活中，她是个较为接近欧美风气的人物，试想在一间阳光充足布置精致的屋舍里，一面啜着咖啡，一面提笔写点小品文章，作者超脱世俗的飘然的感觉是极容易叫我们领会的。但凤子是倔强的，她是广西人，那荒芜山野间刚劲的风气也许给她多少感染，有许多批评家说她最适宜写小品文字，就一般人看来，这样的断语仅不过从她天才的宝藏中发掘一条最适宜的路径，然而对凤子说，这就是一种"难堪的侮辱"。这未免有点小觑了她扬溢的天才，为着答覆那些批评家的无根据的发言，凤子在事实上来一个强硬的抗议，她写了一篇以战争为背景的小说，那里面照样充满着大炮啊，枪子啊……那些满篇叫人起着晕眩的可怖字眼，我们很容易判断出凤子写这篇文章，一定是违反心的，她只不过要表现她多方面的天才，来遮掩自己的缺点。艺人有这种矛盾错综的变态心理是决不罕见的，著名的大音乐家悲多芬的第二交响曲中特有的轻快活泼的节奏，就是在失恋后体尝无限痛苦时挣扎着写下来的。我们不妨说，这是同样由于反抗心理的作祟而引起的，如果我们从这种违心的作品来判断作家的气质的话，那往往会得着相反的结论的。

凤子以前发表文字最多的是南京出版的《中国文学》、上海的《文学》及《文季》等杂志，平沪等大报的副刊上亦不时登载些短文。在中国，女作家一向少得如凤毛麟角，凤子凭着她特异的天才在文学界占一席地位，这似乎也是极自然的。

于是战争的烽火燃起了，像大多数文化人一样，凤子也踏上了流亡之道。由香港而桂林而昆明，最后又来到重庆。但

大致说来，凤子仍是幸运的，物质生活享受的减低是事实，然
而她绝未尝到战神所赐予的直接威胁，凤子抱怨战争，抱怨那
些灰色的鬼地方，只是为了缺少品上好饮料的福气，此外便再
没有比这更简单的解释的。

　　凤子厌恶战争，然而战争使她受了更多的荣誉。战前凤
子就是颗光辉的星座，而这星座在战后是益发变得明亮起来
了。在香港，在桂林，她先后为人颂扬着。在她故乡，与欧
阳予倩合作的美满的收获，在广西的戏剧界里将永远被人记
忆着的。

　　带着年青人胜利后的欣喜，有一天，凤子几乎像燕子般
地展着轻松的翅翼飞临山城的上空来了。我的意思是说，她
来到了昆明。很多天以前，各大报都竞载着她将莅临的消
息，在这里自然不缺少欢迎的人，教授学者们早已准备着迎
接这位稀有的客人了。

　　凤子来昆后不多久，受着教授群的怂恿，就又重新在舞
台上与世人相见了。这次戏是以西南联大剧团名义来搬演的，
除凤子系由外界加入客串外，其余演员均系清一色联大学生，
凤子肯屈尊加入排演，是多亏她外子孙毓棠的怂恿，还有陈铨
闻一多等，也尽力斡旋，事情才能顺利进行，要不，凭着凤子
那股扭劲，是不会那么轻易答应的。

　　剧本上演的时候正过着阴历新年，那时昆明虽也有几家
专映外国影片的戏院，然大都陈旧不堪，这次联大剧社的上演
多少给予昆明人士较新的印象，昆明以前也曾有过一两个简陋

的小剧团，然而用较新手法上演的，仍不得不以此为嚆矢。昆明这几年话剧事业所以有着飞跃的进展，这次的上演是多少尽了点开导的任务的。

这次上演的剧本是《祖国》，是根据《前夜》重新改编的，这本来不是个好剧本，然而为着要迎合一般观众的欣赏程度，又为着宣传，所以在仅有几出贫乏的剧本里，终于选中了她。凤子饰演的是个年青的教授太太，这出戏名义上是陈铨导演，这位矮胖的四川籍哲学教授除了有足够献身戏剧的热情外，对于导演一门完全是门外汉，演员们极少有听他的，实际上担任他的责任的，却是孙毓棠闻一多两人。我们不难想像如其这出戏真个由陈铨独自导演，那成绩一定会糟得不能再糟的。

大致说来，这出戏是成功的，至少就浅识的昆明观众看来，都认为是个罕见的不朽作。凤子在这出戏里，演技的精湛是不可否认的，然而还嫌太软弱，特别在高潮的处理上显得缺乏力量，如果说凤子的演技有什么缺点的话，这点该是她最大的遗憾，至少我个人是有这个感觉的。

凤子是南国人，国语操得不十分流利，固然北京特有的地方俚语她无法传出，即是像"两""俩"一类的字眼也咬不大清，但她说话有一股柔媚，带有音乐的节奏，这是她特有天赋的。有这么个优点，即使她发音欠准确，一般观众们也就原谅过去了。

只要与凤子稍为接近过的人，对于她的过份的傲慢态度，怕是叫人认为大不以为然的。我们也可以解释凤子并不是存心要傲慢，她也许只是要表示她自己的超越身份，她这么做，对她自己讲也许是极自然的，我们当然不能完全否认一个人有骄傲的权利，自然的情感的流露在某种情况下也没有十分令人厚非的地方，问题只是看你用怎样的一个方式。过份的骄傲会毁灭一个天才的艺人的，古今中外像这样的例子也不知有多多少少，我真有点担心，像凤子这样一个有天才的作家兼艺人会不会因此而断送了她整个的前途。

　　这里我只打算随意举两桩小事情，虽然小，然而对于凤子的性格是多少可以窥出点的。《祖国》演至第四天的晚上，凤子姗姗来迟，后台的工作人员疏忽了点是实情，然而瞧凤子那种谩骂的神气，假如是在职业剧团里，你是红得发紫的台柱，施出明星脾气，那些小演员们也许就能低声下气承受得住，然而这里的情形就两样，试想那批在大学里念书的人，左右不过是逢场作戏，干着好玩，谁能受得了你的？老实说："话说开去，哥儿个客客气气好商量，要是不干脆就扯蛋！"就这么着，事情闹得怪僵，凤子没想到她施点小性子，动了哥儿的火气，当时甚至有位年青小伙子顶头撞了她两句，凤子是一向被人捧在天上的红角，从没想到会跑来受学生们的气，一别扭，于是两行酸泪沿着眼眶泻下来。这次对她的打击可不小，多少天以后，当我提起那晚的事时，她还怀着满脸难堪的气色，你说这是她自己施性子造成的，然而还是将这话收回去吧！我们的凤子对于这样的解释是万万不会接受的。

　　又有一次，时间我已记不清，大约是在暮春的下午，我们几个人在她的寓所里谈起演员个性的问题，我们的意思是剧中人物由个性适宜的演员来担当，一定能收得更圆满的效果。然而想不到这平凡的意见可引起了她的宏论来。对于个性的说法，她完全反对的，她说她就不信一个优秀的演员是会为个性所限制的，举一个例来说，一般人都说她较适宜演都市颓废的女性，她自己可不承认，有机会她要做一个全然相反的角色，归根一句话，她还是对自己的天才充满着自信，第二天为着补足她自己的意见，又在自己主编的报纸副刊上连续发表了关于这问题的文章，我想如其她今日在上海，对于石挥提倡的"打倒 AB 制"的议论，一定是最激烈的反对者。

一开头，我们就说明凤子是擅长社交的女性，她每天确实忙得厉害，她演戏，出席各种交际集会，同时她还担任《中央日报》副刊"平明"的编务。这副刊编得并不令人满意，同样在读者群中也不大受欢迎，然而凤子拉稿的手段确是惊人的，比较著名的作家为她写文章的比比皆是。假如在编排方面更能新颖活泼点，那末比之《大公报》的"文艺"，也不会逊色到那里。

自从《祖国》公演以后，凤子的名字在西南一带更是风靡一时，连那些昆明的土老头儿也将她作为谈话的对象。凤子是红起来了，而且是大红特红起来了，这年十月间，为着响应昆明戏剧节如火如荼的剧运，凤子再度走上了舞台，她连续献演了《原野》及《全民总动员》。

这年昆明戏剧节之盛况是西南各地所罕有的。这次主催的是"国防剧社"，包括昆明所有最优秀的话剧工作者，然而主要的份子仍是西南联大那一帮人，凤子自从上次与联大闹过龃龉以后，又再度与原班人马合作，这是表示她进步？还是出于她刚强个性的报复？这只有她自己会明白。这次剧团为着加强演出阵容，特地将曹禺从四川请过来，经过这位苦干导演的努力，对于演出的效果是颇有把握的。

在《原野》里，凤子担任的是金子，对于这角色的能否胜任，是一般人所最担心的，凤子是个纤弱多病的女性，要叫她饰那样一个泼辣而充满野性的妇人，这也许不是太好的分派，然而凤子到底答允着担下来，她自己是反对演员个性的论调的，这次正是她理论最佳的试验。瞧着吧，你们看我演不来这脚色，我就偏要使你们吃一惊，好强的脾气使她绝不会在任何人面前低头。

凤子确是应验了她自己的话，她的确使熟识的朋友吃了一惊。她饰的金子演来维妙维肖，那种原始的顽强泼辣的个性都给尽量发挥无遗。她再一次胜利了，"瞧瞧我吧！"年青艺人的脸上挂着胜利的笑容，是任何人可以看得出的。

《全民总动员》里，她饰的是个爱好虚荣和盲从的女性，剧中的女主人翁成天梦想着一个无敌的英雄——一个传奇中披着锦绣骑在马上的英雄，然而有一天，她发现她心目中那个渴想多时的英雄正是她日夜相处的那个跛子时，她失望了。故事很简单，然而经过重庆"剧作协会"集体剧作写成的，至少是较那些只嚷口号的剧本较多意义。凤子演这出戏，我认为在某数点上，同她自己颇有许多吻合之点，然而我也想得出，她自己是绝不会有这种感觉的。

凤子是个爱好修饰的女性，在她的寓所里，成天是绝不少有一批教授学者去光顾的。我们的德国哲学博士曾经在《良友》写过《革命前的一幕》小说的陈铨，就是最习见的座上客。有人说，这位矮胖教授曾用尽心力去追求过凤子，事实的真相很难说，然而陈铨确曾为凤子写了一出叫《黄鹤楼》的剧本，而且那剧中主角就是以凤子为蓝本的，这出戏一直未曾上演，是凤子拒绝呢？还是有其他原因？这将是一个永远的谜。

凤子的外子是孙毓棠，一个唯美派诗人，又是在大学里担任钟点的历史讲师。他们两人如何由恋爱而结合，这里只能留一个空白。人们所晓得的是，他们这般认识了，于是同居了一段极亲密的日子，孙毓棠会写诗，而且写得极优美的诗篇，除此以外，他对话剧也是个热心者，他像曹禺一样，会自编，自导而且还能自演。在旁观者看来，再没有比他们俩的结合更为美满了，他们自己也该如此想过，孙毓棠曾在人前赞扬凤子的演技。他说："凤子演《日出》的陈白露有八十分，演《原野》只六十分，至于演《祖国》还及不上四十分。"表面看来，也许是在说凤子演技的退步，其实这完全是一种反话，凤子演《原野》《祖国》，获得一致佳评，他这么说，无非是谦虚，那意思似乎在说：凤子六十分四十分的演技已经如此，要是八十分的话，那更会轰动的。凤子演《日出》究竟怎样好法，我没亲眼看过，所以对孙毓棠的话，也不敢妄加判断了。

照理像他们这一对性情相投的佳侣，在生活的过程中该不会发生什么问题的，然而事实上就不如一般人那么料想得圆满。也许是凤子对于眼前的生活感觉着厌倦了吧，一天她悄悄地别了孙毓棠，迳自飞到重庆去了。这在平静的山城里是桩大新闻。她同孙毓棠之间闹了点什么别扭，是局外人讳莫如深的，就连孙毓棠，对此事也缄口不言。猜测的人固然很多，然而比较合理解释还没有。仅有一点，可以探出点线索。原来凤子在临行前一天，在报纸上曾发表了一篇《飞》的短文，大意似乎是说她厌倦了眼前的生活，她要飞，要飞得远远地，当天似乎谁也不曾注意到这篇文字，然而第二天她真的飞走了。又有人将她比作《全民总动员》里她所饰的女主角，好事的人说她在追求着一个梦里的英雄，也有人说这位理想的英雄就是曹禺。我个人对这点是不敢相信的，曹禺是个正直严肃的人，而且同孙毓棠又是多年同学，私人的感情非常深笃，即使凤子有这种表示，曹禺也不会轻易接受的。

不管这样，总之凤子是走了。她脱离了这生活一年多的山城，以后她没再来过，自然你会想像得出，在重庆她是绝不少另一批新的教授学者们来为她撑腰的，事实上她在那儿，确比以前得到更多的荣誉，如果不信，曾与她合作，拍过《白云故乡》的高占非，该会证明我的话是不错的。

我们这篇故事也该结束了。我们前面假设的地点是在昆明，主角已经离开这儿，该没有什么可以多记的了。这里我们不妨将镜头再移到那个配角孙毓棠身上去。他比以前确更清癯了，在重庆红得发紫的凤子还会记起这个忠实的老伙伴吗？一句话，凤子在新的生活中，获得更多的满足，然而有些人要为孙毓棠抱屈："瞧，一位诗人是这样被毁了！"

三月六日作

选自《人物种种》，杂志社出版编辑部一九四三年十一月初版本

// 我所知道的潘琰

应　德

是去年的十月吧！我刚刚跨入了师院不久，（大约两周）一个早晨，我们的班上突然增加了一位新来的女同学，壮健的身躯，英勇的姿态，黑布短袍，灰色外衣，佩上一付银丝的近视眼镜，衬托着圆圆红润的脸孔，愈显得和蔼可亲，走起路来，总是那样的雄健有力，落落大方，口音是标准的国语，但沉默寡言，不爱闲谈，每一发言，总是恳挚爽朗，没有一句废话，所以我最初对她印象，只是一个稳健老练而比较英俊有为的女子。

第一学期，因为忙于各自的功课，始终在陌生中混过去了，但对她那英勇豪爽的丈夫气概，常使我暗暗地感到敬慕。

第二学期中，因为敌寇自豫北直窜黔境，国势危殆，本校响应浙大，发出了国是宣言。当时因反动派同学的破坏阻挠，引起了激烈的论争，因而展开全校的签名运动，结果终以广大同学的支持，战胜了少数败类的捣蛋，在支持宣言发出的名单上，我发现了最前排有她——"潘琰"的名字，我从此认识了她是一个头脑清楚且有一定见识的前进青年。

接着"五四"大游行，我担任纠察的任务，见她只身当先，参加了女生寥寥的行列，用她响亮的嗓子，高举着粗壮的胳臂，勇敢地高呼口号，面孔红涨得发紫，直到第二天，她的喉咙还在沙哑。

使我印象最深的，是学期末的一个欢送会上，她一鸣惊人的发表了一席精辟正确的演讲，大意说："我们的理想无妨高，但必须正视现实，因为不能看清现实，则没有向一切黑暗势力及险恶环境斗争的勇气……"

我从此更深切的认识了她是一个思想明澈观念正确且有着强烈正义感的可贵女性。

暑假，我们级会里组织了一个"暑期工作委员会"，创办民众补习学校，我们都被同学推选出来负责，在校舍残破，经费缺乏的条件下，孜孜不倦的教育着一群衣服褴褛不堪的野孩子。虽然学生都是挨门逐户去登记，或请保甲长们勉强报来的，虽然有些担任授课的同学们多半是见难思退中途逃遁，而将一切责任卸在少数人身上，然而她同她的一位爱友古兆珍，和两三位可敬的同学，却始终坚定不移地在极艰苦的情形下惨淡经营，直到期满毕业，才离开岗位，中间虽有某校以极优厚的薪资，聘请她去兼课，也遭到了她坚决的拒绝，她宁愿牺牲物质的享受，而始终不放弃神圣的任务，在没有一分报酬的民众义务教育上，耗去了两个月宝贵的时光，这种难能可贵的精神，若不是认识明确，操守坚贞的人，怎么能够做到呢！

本学期来，因为学校要搬家了，为师院的合并问题我们都被选为级代表，组织"级联会"，向各方面展开争取的工作，两月以来，为争取师院同学光明的前途，无日不疲于奔命，为克服困难而绞尽脑汁，为奔走呼吁而忘餐废寝，她那股如火如荼的傻劲，任劳任怨的精神，给了我们不少的鼓励，至今合并问题能稍获成果，不能不大半归功于她那坚苦卓绝的毅力，从这件事里我更认识她不仅是一个有真知灼见的非常人，而且是一个能实干苦干的力行者。

此次罢课运动，师院方面，最初仍取着冷漠观望的态度，后来看到她及几位女同学，整日在外面参加极紧张而艰险的宣传连络工作，往往到深夜方才回校，因此激动了师院全体同学的热情，发起组织师院分会，配合新舍罢委会，独当一面的展开了罢课的工作，由于她的努力，工作的范围与效果日益扩大，也正因为我们做得特别热烈起劲，所以招致了魔鬼的嫉恨而攫取了她的生命！

"一二·一"那天的情形，说来我真够惭愧，因为事情发生得太突如其来，所以多数同学们，都仓卒惊惶而莫知所措，我当时因看到暴徒们的来势凶凶，我们寡不敌众，所以跑到隔邻工校去连络呼援。就在那几分钟内，手榴弹就轰轰连响，故对于潘琰英勇战斗壮烈牺牲的一幕，未得一见，深为遗憾。事后询知前门负伤的同学，始知她是冲出校门的第一人，用砖块石头把特务走狗们击溃后，乘胜追击，至校门口时，遭特务们用手榴弹炸伤倒地，又被无人性的强盗用刺刀向腹部猛戳了三刀，当我抬李鲁连同学到云大医院时，看见了她也刚被抬到，知道她伤势很重，要施行手术，取出腹内的弹片，谁料开刀后情况愈坏，终于在痛苦呻吟中高呼"团结复仇"，而溘然长逝。

她死得这样的勇敢壮烈，凭着两个拳头去和带有武器的特务恶棍们战斗，我除了愧悔，还有什么可说的呢？她天天在激励我们要学习战斗，现在她真成了伟大的战士而光荣战死，这是怎样一个言行一致以身教人的圣女。我拙劣的文笔，实在无法写出她的崇高和伟大。

她对人处事总是诚挚爽快，毫无虚矫怩妮的俗态，对任何人都抱一样的态度，所以博得全院师长同学的敬爱，连工友也非常爱戴她，她的服装随时都整洁朴素，没有穿过一件艳丽衣服，没有着过一双长筒袜子，更没有烫过一次头发或抹过一点脂粉，周身找不出一丝平常女子的庸俗气，更没有半分妇女常有的虚荣心，她真可做现代妇女的典型，青年学生的模范，在这世风日下，道德沉沦的今日，像她这样的女子，真是凤毛麟角，寥如晨星。

然而潘琰是死了，她为拯救祖国的危难，为争取自由和民主，她已贡献出了宝贵的生命，永远离开我们了，虽然她的死，已得到广大人民的同情，使统治者震惊惶恐，使国家有了生机，使漫漫的长夜缩短了行程，使我们反内战反独裁的工作进展得愈加顺利，但是像她这样的人，竟于这旭日初升的求学时期，年富力强的青年时代，死在法西斯狗奴的榴弹下，死在特务暴徒们的刺刀下，无论如何她的死是无可补偿的损失啊！

选自《妇女旬刊》一九四五年第一卷第四、五期合刊

// 英材的殒灭

——悼朱焰

郭起云

（一）

一九四五年八月十四日上午四时四十五分，在全世界欣闻日寇屈膝的消息中，一个前途有为的青年，不幸竟在这时葬身于蛮荒烟雨的中印公路上。

朱焰是滇缅公路工务局保密公路第九工程处第九工务段的工务员。为了准备对日反攻作战，所以奉命深入不毛，从事修公路的工作。那种出生入死，舍生为国的精神，和那些在前线作战的勇士，真是同样的艰苦卓绝。他曾出过一份力量替军队铺平了反攻的大道，助国家奠定了胜利的基础，这样一位英勇的战士，可以说死而无憾了。

　　不过，他没有死在敌机轰炸之下，他没有死在敌人炮火之中，它的死是完全出于意外的。原来日寇投降的消息传播以后，第一线公路抢修的工作格外紧张，那时滇缅路正笼罩在讨厌的雨季中，他奉命在雨后出发视察路，在泥泞的公路上，一辆吉普车掉下四十公尺的深沟，就这样给死神带走了朱炤。

　　那个吉普车上一共坐着七个人，一个是司机欧阳连——是向检修所借来的修理匠，此外便是朱炤和他的工同事五人，出事的时间是一九四五年八月十三日下午四时半，出事的地点是保密公路第三十六号国界桩畔。当吉普车倾覆的时候，除却前座二人跳出车厢，幸免受伤外，其他五人，都随车直接滚落出。朱炤君受伤严重，头部右太阳穴下一创长一时许，下颚一创长四五分，血流如注，神志昏迷，经由附近工友赶到，将朱炤抬起。其余四人均有轻伤，幸无大碍。只有朱炤受伤太重，形势危殆。虽经二公里外甘麦地处长工地办公处张医师赶来急救，注射止痛针和强心针，可是脑部和心脏受着剧烈的震动，不易诊治。最后决定速送密支那美军第四十八医院。吉普车既然已经毁损，只有用无线电通知鲁居联合办公室派车来接，不料鲁居电台正受阻碍，无法接通，逼不得已，只改用滑竿担架抬着行走，张医师和同事朱云开、叶政青、李锡培等四人同行，沿途迎着雨，行走格外困难，直到翌晨一时许，只走了三十多公里。恰巧鲁居汽车，闻讯来接。于是舍架转车，加速行驶。每隔一二小时，即由张医师注射强心针。无奈朱君脉搏更形微弱，当东方透露着一线曙光，汽军过吴家时，他竟停止了呻吟声，溘然长逝了。

朱焰的故乡，是江苏江阴凤戈庄。江阴这个小小的县份，素来号称"忠义之邦"。明末清初典史阎应元死守危城忠贞不屈的故事，在历史上是足以留芳百世的。这次对日抗战，东南地区游击队的中心也在江阴，那种可歌可泣的史实，正足以媲美从前。

他在一九二零年三月十一日生于九代儒医的家庭里。他的曾祖洪九，祖少鸿，父凤嘉，都是遐迩闻名的医生。他们默守着"不为良相当为良医"的古训，所以始终淡于名利，只求对于社会有一分切实的贡献。他的父亲常常希望他"克绍箕裘"，完成十代儒医的伟绩。可是大时代的洪炉把他的愿望改变了，使这个青年投向工程界的怀抱，这是出乎他父亲意料之外的。

江阴全县共有三十三个山，岫崿山居于正中。凤戈庄正位于岫崿山的南麓，风景十分秀丽。朱焰从小就天真聪颖，与众不同。最初在家里跟着祖和父读书。要想进入学校，可是乡间风气闭塞，那时附近只有私塾，并没有新式学校，他的父亲便着手创办一所新桥小学，把他也送去肄业。读了两年，成绩斐然，十岁改入江阴城内辅延小学。十三岁，当他读完小学五年级的时候，他就去投考南菁中学，结果竟录取了。在南菁三年，初中毕业。接着便来沪投考复旦附中高中部，学识更有进步。十九岁，他在复旦高中毕业，名列前茅。

那时正当中日战争进入第二年，大上海已经陷落，只剩着旧租界区的一隅，形成所谓孤岛。年青的朱炤，内心蕴蓄着一股报国的热忱，决意继续升学，以求深造。他在复旦高中部读的是商科，这时感于国家需要，改习理工，考入东吴大学理学院，读了一年，大后方各大学作孤岛上联合招生，吸引人才内移。他参加入学考试，没有等到发榜，就约同学友，从上海到香港到昆明转在西南联大工学院继续求学。

他廿四岁的那一年春天，在西南联大毕业，得工学士学位，因为成绩优良，所以便奉派到中印滇缅公路服务，直到殉职时为止。

（二）

滇缅公路是抗战期间大后方唯一的动脉。路程的遥远，工程的艰难，没有亲眼见到的人是断难想象得到的。

朱炤在这条公路上服务了两年半，这次参与抢修险峻的工程，曾经得到交通部明令嘉奖。上级主管，对他也是十分器重的。

他律己极严，待人很宽，虽然出身在小康之家，可是从不浪费分文。每月薪金所得，除却购置一些不可少的日常用品以外，总是节储起来。对于同学同事，不惜竭诚帮助。不论在金钱上，在事业上。很有"己欲立而立人，已欲达而达人"的风度。

在殉职前半个月，他本有调往广西任职的机会。在那蛮荒之地的公务人员，谁不希望能早些离开。可是他不忍撇开同事，单求个人的舒适，所以宁愿放弃这个内调的机会，继续和许多同事共尝艰苦，因此他殉职的消息传播以后，不少同学和同事都痛哭失声。从这里可以见到他感人之深了。

他是家庭里的一颗快乐的种子，他对父母孝顺，对弟妹友爱，对亲戚和善，对朋友热诚。他的父亲竭尽毕生的心力，把他栽培成功，希望他对于国家社会，他日有一番伟大的贡献。现在一旦听到那个不幸的消息，怎不令人黯然神伤呢？

朱炤悄悄地去了，正如诗人徐志摩所说：

"我悄悄地走了，

正如我悄悄地来；

我挥一挥衣袖，

不带走一片云彩。"

他却把大地的云彩带走了，留着我们后死的人们，在全面黑暗中挣扎。

选自《保密公路国外段工程生活纪实》，保密公路第二工程处编印，1945年刊行